Andreas Gossner

DIE TÄGLICHE MENTALDUSCHE

Eine inspirierende Reise zu dir selbst

Die tägliche Mentaldusche © - Eine inspirierende Reise zu dir selbst

Andrea

Aufbruchszeit.com

© 2018 Andreas Gossner

Erstausgabe

Umschlaggestaltung, Illustration: Andreas Gossner
Lektorat, Korrektorat: Jasmin Schneider
Herausgeber: Andreas Gossner
Fotos: Klaus Larcher

Verlag und Druck: tredition

ISBN Taschenbuch: 978-3-7469-7731-7
ISBN Hardcover: 978-3-7469-7732-4
ISBN e-Book: 978-3-7469-7731-1

Sollte dieses Buch Links auf Webseiten enthalten, so übernehmen wir für deren Inhalt keine Haftung, da wir uns diese nicht zu eigen machen, sondern lediglich auf deren Stand zum Zeitpunkt der Veröffentlichung verweisen.

Soweit im Folgenden Berufs- Gruppen- und / oder Personenbezeichnungen Verwendung finden, so ist auch stets die jeweils weibliche Form gemeint. Der Autor sieht daher bewusst von einer genderneutralen Ausdrucksweise ab.

Hinweis: Der Inhalt dieses Buches hilft dir dabei, dein Potenzial zu entfalten und dich zu entwickeln. Das Arbeiten mit diesem Buch ersetzt jedoch bei gesundheitlichen Störungen keine qualifizierte ärztliche, therapeutische Betreuung.

Weitere Informationen und Unterstützung:

www.mentaldusche.com
www.aufbruchszeit.com

Inhaltsverzeichnis

Einführung

Herzlich willkommen, ich freue mich, dass du dieses Buch in deinen Händen hältst. Es zeigt mir, dass du offensichtlich Interesse an deiner persönlichen Weiterentwicklung hast.

Als ich dieses Buch für dich zu schreiben begann, wusste ich noch nicht, wo es mich hinführen wird. Die Idee, die ständig in meinem Kopf herumschwirrte, war es, dir ein alltagstaugliches Buch in die Hand zu geben, welches dir hilft, durch ein bewussteres Wahrnehmen dessen, was um dich herum geschieht, zu einem selbstbestimmten und bewussten Leben zu kommen. Du hast in deinem Leben viele nützliche und weniger nützliche Dinge gelernt, aber im Kindergarten, in der Schule, auf der Universität wurde dir vermutlich nichts darüber beigebracht, wie das Leben funktioniert oder welche Lebensgesetze es gibt. Dadurch, dass viele immer dasselbe machen, befinden sie sich in einer ewigen „Wiederholungsschleife" und ich möchte mit diesem Buch motivieren, neu zu denken, Neues zu wagen und so aus dieser Wiederholungsschleife zu entkommen.

In diesem Sinne ist dieses Buch ein Leitfaden für mehr Lebensfreude, mehr Lebensqualität und ein erfüllteres, bewussteres Leben. Dieses Buch ist nicht nur gefüllt mit meinen persönlichen Erfahrungen, sondern auch mit dem über Jahrzehnte gesammelten Wissen durch Ausbildungen, Seminare und Bücher und soll eine Anregung für dich sein, dich Tag für Tag weiterzuentwickeln.

Das Buch erhebt nicht den Anspruch, alle Themen bis ins kleinste Detail zu vertiefen, es soll dir einen Einblick geben und Anreiz sein, die Themen, die hier in Zusammenhang gebracht werden, anzunehmen und für dich in entsprechender Weise eigenverantwortlich weiterzuverfolgen. Es soll entzündend wirken und ist in einer leicht verständlichen Sprache geschrieben. Um die Inhalte dieses Buches besser zu transportieren, versuche ich, durch eine Alltagssprache mit dir zu kommunizieren, so, wie wir untereinander eben reden. Ich habe mich daher auch entschlossen für dieses Buch die persönliche Anrede „*Du*" zu verwenden.

Du findest in diesem Buch unter anderem Techniken und Themen aus dem Mentaltraining, dem Stressmanagement und dem Entspannungstraining vereint und ein daraus geformtes Konzept für deine tägliche „**Mentaldusche©** ". Tägliche „**Mentaldusche©** " bedeutet, dass du so, wie du täglich deinen Körper reinigst, pflegst und idealerweise trainierst, auch deinem Geist Zuwendung schenkst. Mit diesem Buch und den darin enthaltenen Inhalten und Techniken hast du Werkzeuge zur Hand, die du in deinem „Alltagsrhythmus" anwenden kannst.

Da sich jeder Leser zu dem Zeitpunkt, zu dem er dieses Buch in die Hand nimmt, an einer anderen Stelle seines Lebens befindet, sind die Reihenfolge der Kapitel und Übungen sowie die Themenschwerpunkte für jeden selbst zu wählen und entsprechend zu finden. Somit ist dieses Buch als ein Arbeitsbuch zu betrachten und auch so anzuwenden. Du findest zwischen den Kapiteln immer wieder Räume für Notizen. Diese Räume laden dich immer wieder ein innezuhalten, zu reflektieren und Gedanken zu notieren.

Natürlich kannst du auch gerne das Buch durchlesen und dich einfach inspirieren lassen und für dich persönlich etwas mitnehmen und lernen.

Dieses Buch ist nicht unbedingt so konzipiert, dass du es unter einmal liest, sondern wieder und wieder, bis sich das Gelesene einprägt und die Übungen zum selbstverständlichen Alltag werden.

Du findest in diesem Buch auch keine neuen wissenschaftlichen Erkenntnisse, sondern es fasst bereits bekanntes Wissen in einem alltagstauglichen Kontext und dazu passenden Übungen zusammen. Es kann seine Wirkung nur dann entfalten, wenn du das Geschriebene nachhaltig umsetzt und es dir in deinem eigenen Alltag bewusst machst.

Wenn du dieses Buch liest und damit arbeitest, wird dir auffallen, dass so manche Kapitel sich teilweise wiederholen und überschneiden. Aber wie du vielleicht auch schon in deinem Leben festgestellt hast, ist alles mit allem verbunden und nichts lässt sich daher gänzlich voneinander trennen. Das Buch ist erst dann wirklich eine Bereicherung für dein Leben, wenn du das Ganze auch im Zusammenhang siehst und erkennst.

Es geht um deine Entwicklung und deine Veränderung. In diesem Prozess geht es zunächst einmal darum, festzustellen und zu begreifen, was aktuell vor sich geht. Du musst herausfinden, wo die Ursachen für deine Situation und dein Handeln liegen und die Muster erkennen, die sich immer wieder wiederholen.

Entwicklung und Veränderung können nur stattfinden, wenn du deine Komfortzone verlässt. Da, wo die Komfortzone aufhört, wartet das wirkliche Leben auf dich. Das wirkliche Leben und deine Veränderung erreichst du nur durch Beharrlichkeit und Gedankendisziplin, denn keine Veränderung passiert von heute auf morgen, alles, was du in deinem Leben gelernt hast, musstest du dir erarbeiten und so verhält es sich auch mit deinem Veränderungsprozess.

Ich habe dieses Buch unter anderem geschrieben, weil ich dich zu einer Veränderung motivieren will und dir zeigen kann, wie du das schaffen kannst. Es ist kein Hexenwerk, keine Raketenwissenschaft und bedarf keines intensiven Studiums. Mir geht es darum, dass du im Zuge deiner Veränderung, deiner Wandlung zur „Selbstfürsorge" kommst und dein

Augenmerk auf dich richtest. Das ist nicht gleichzusetzen mit selbstsüchtigem und egoistischem Denken und Handeln. Vielmehr geht es darum, dass du auf dich achtest, also „selbstfürsorglich" denkst und handelst, denn nur dann bist du auch in der Lage, für andere da zu sein, eine Bereicherung für andere darzustellen.

Am Ende des Buches findest du die Quellen meiner Inspiration angeführt. Die dort angeführten Persönlichkeiten haben alle ein Vielzahl an Werken verfasst, die es alle wert sind, studiert zu werden. Wenn du dich mit den Themen dieses Buches auseinandersetzt und die für dich spannenden Aspekte vertiefst, wird ohnehin alles, was für dich wichtig ist, auf dich zukommen.

Als Stütze für die Umsetzung im Alltag gibt es dazu im Anhang auch noch einen „MENTALDUSCHE ENTWICKLUNGSKALENDER©". Dieser Kalender ist repräsentativ mit einer Woche dargestellt. Du kannst dir für deine Anwendung diese Woche kopieren, von der Homepage (www.mentaldusche.com) herunterladen oder dir auf dieser Basis deinen eigenen, für dich passenden Kalender erstellen.

Es geht auch um deine bzw. eigenverantwortliche Entwicklung, so wie sich die Raupe zum Schmetterling entwickelt. Du solltest dein Leben nicht in dem Sinn gestalten, dass du versuchst, eine bessere Raupe zu werden, sondern dich zu einem Schmetterling entwickeln und dich entfalten.

Ich wünsche dir viel Spaß beim Lesen und eine spannende Reise

Andreas

Andreas Gossner

Stop: Nimm dir eine Auszeit!
Schau: Siehe die Welt mit anderen Augen!
Wähle: Wähle ganz bewusst, was du tust!

Über mich

Mein Name ist Andreas Gossner und ich gebe leidenschaftlich gerne meine Erfahrungen und mein Wissen aus den Bereichen Gesundheitsentwicklung und Persönlichkeitsentfaltung weiter. Als immerwährender Optimist ist meine zentrale Botschaft dabei, dass wir in unserem Leben in allen Belangen einen ganzheitlichen Ansatz haben müssen und fortwährend an unserer Weiterentwicklung arbeiten sollten. Unter dem ganzheitlichen Ansatz verstehe ich den Zusammenhang und das Zusammenspiel zwischen Körper, Geist und Seele sowie die aktive Weiterentwicklung in allen Bereichen. Das Eine ist ohne das Andere nicht zielführend, die gesunde Ernährung für sich macht nicht heil (ganz), die Bewegung alleine ist auch nicht zielführend und wenn du nur spirituell bist, kommst du auch in Schwierigkeiten. Nur das Zusammenspiel aller Elemente bildet eine stabile Basis für die gesunde Weiterentwicklung.

Ich weiß aus meinen Seminaren und Workshops, die ich gebe, dass viele sich das nicht so ganz vorstellen können. Der Begriff „Körper" ist für die meisten noch greifbar, wenngleich es auch da wieder die Aspekte Bewegung, Entspannung und Ernährung in Übereinstimmung zu bringen gilt. Wenn dann noch der Geist dazukommt, wird es für einige schon schwieriger, obwohl das Thema „Mentaltraining" sich bereits etwas verbreitet hat. Noch weniger vorstellbar wird es, wenn die Seele auch noch dazukommen soll, das ist für viele nicht mehr ganz einzuordnen. Meine Leidenschaft ist es, eben dieses für unser Leben, die Gesundheit und das Wohlbefinden so wichtige Zusammenspiel von Körper, Geist und Seele in Büchern, Workshops, Seminaren und Vorträgen weiterzugeben und dadurch den Menschen in ihrer Persönlichkeitsentfaltung zu helfen.

Als Dipl. Mentaltrainer, Business-Mentaltrainer, Stressmanagement-Trainer, Meditationslehrer, ZENbo Balance, Kursleiter für Autogenes Training, veganer Ernährungsberater, Fitnesstrainer & Massagetherapeut,.... verfüge ich über ein umfangreiches Wissen im Zusammenhang mit Körper, Geist und Seele. Dieses Wissen, kombiniert mit meinen Erfahrungen in der Arbeit mit Menschen, gebe ich im Sinne der ganzheitlichen Betrachtungsweise in Büchern, Coachings, Trainings, Vorträgen, Workshops und Seminaren weiter.

Als Jahrgang ´62 mit aktuell mehr als 30 Jahren Erfahrung im Vertriebsmanagement und in der Technik (Maschinenbau und Elektronik), als Angestellter in Führungspositionen und als Selbständiger verfüge ich über eine umfassende Berufserfahrung mit den Höhen und Tiefen des

Lebens. Und ja, das Scheitern und die Krisen gehören genauso zu meinem Leben wie das kraftvolle Wiederhervorgehen daraus.

Viele Jahre Erfahrung in unterschiedlichen Sportarten wie Dressurreiten, Klettern, Bodybuilding/Fitness, Langstreckenlauf, Berglauf, Mountainbiken ergänzen mein Knowhow, das ich im Laufe der Jahre(/Jahrzehnte :-)) mit zahlreichen und wertvollen Ausbildungen ständig erweitert habe und immer noch erweitere.

Wie kommt es eigentlich, dass ich über so viele, auf den ersten Blick vielleicht unterschiedliche, Ausbildungen verfüge? Das kommt daher, dass ich immer mit einem offenen Geist durchs Leben gegangen bin und mich im Sinne des „Schöpferbewusstseins" stets gefragt habe, was ich machen möchte, was mich freut, was ich immer machen will, ohne einen Gedanken an die Pensionierung zu verschwenden. Das Ganze ist ein niemals endender Entfaltungsprozess und die in diesem Sinne ideale Tätigkeit verändert sich natürlich, da man mit offenem Geist immer dazulernt. Ich habe immer das in dem Augenblick für mich Stimmige gemacht, auch wenn es nicht einfach und populär war. Mit der Zeit ergibt sich ein ständig stimmiger werdendes Bild und so habe ich mich dorthin entwickelt, wo ich heute stehe. Und diese Reise geht natürlich noch weiter.

Dein Denken bestimmt dein Leben

„Unsere Gedanken haben uns erschaffen.
Was wir in Gedanken sind, wird zu unserer Wirklichkeit.
Wer seinen Geist mit bösen Gedanken füllt,
dem folgt Leid, wie der Karren dem Ochsen.
Wer jedoch seine Gedanken beständig rein hält,
dem folgt Freude so sicher wie der eigene Schatten"

(aus: Dhammapada)

Deine Gedanken, Vorstellungen und Überzeugungen sind zielgerichtete Energien und schaffen deine Wirklichkeit. Die Betonung liegt hier auf der Wirklichkeit und nicht auf der Wahrheit. Die Wirklichkeit ist für jeden von uns anders und entspricht nicht zuletzt unserer Gedankenwelt.

Jeder Gedanke, jede Vorstellung und jede Überzeugung ist ein Energiepotenzial mit einer bestimmten Schwingung und kehrt zu dir zurück als ein konkretes Ereignis, eine Situation oder ein Umstand. Wenn du negative Gedanken, Gefühle und Überzeugungen hast, dann kann das nur negative Ereignisse nach sich ziehen. Genauso zuverlässig verursachen positive Gedanken und Gefühle positive Ereignisse.

Mach dir bewusst, dass deine Gedanken, Vorstellungen und Überzeugungen deine Zukunft erschaffen, aus Energie wird Wirklichkeit geschaffen.

Alles, was in der Welt, in der wir leben, entstanden ist und entsteht, beruht auf Gedanken. Nichts entsteht aus sich selbst heraus, es bedarf immer zuerst eines Gedankens. Ein Stuhl zum Beispiel entsteht nicht aus sich selbst heraus, es bedarf immer einer oder mehrerer Personen, die sich in einem Entstehungsprozess Gedanken machen, wie der Stuhl aussehen und aus welchem Material er bestehen soll, was er kosten darf usw. Am Anfang stehen also immer Gedanken, bevor sich in unserem Leben etwas materialisiert oder zeigt.

Auch dein Körper, deine Zellen, deine Organe reagieren auf deine Gedanken, Gefühle, Vorstellungen und Überzeugungen. Du lebst daher mit deinen Gedanken in deiner eigenen Welt, die du bewusst oder unbewusst erschaffst und für die du selbst die Verantwortung trägst. Deshalb ist es für dich von immenser Bedeutung, inwieweit du dein Leben bewusst lebst und das Steuer deines Lebens in der Hand hältst. Wenn dir das klar wird, dann öffnet sich für dich die Tür zu einer bewussten Realität.

„Nach eurem Glauben geschehe euch" (Jesus in Matthäus, Kapitel 9, Vers 29). Das hatte schon vor 2000 Jahren Gültigkeit und gilt auch heute noch

für uns.

Ein Gedanke ist wie ein Samenkorn, das gesät wird, aus einem Sonnenblumenkorn wird immer eine Sonnenblume heranwachsen. So kann aus negativen Gedanken nur Negatives entstehen und aus positiven Gedanken nur Positives und Lebensbejahendes. Das bedeutet jedoch nicht, dass du mit aller Gewalt positiv denken musst, sondern dass du dir bewusst werden solltest, was und wie du gerade denkst. Durch die Bewusstmachung des eigenen Denkens bekommst du den Hebel für die Handlungsfähigkeit in die Hand und kannst, was ab und zu auch guttut, negative Gedanken bewusst zulassen und wieder aktiv zu positiven, lebensbejahenden Gedanken zurückfinden. Im Sinne der Polarität ist es wesentlich, Negatives zuzulassen und zu beachten, denn sonst kann es passieren, dass sich das Ganze durch die Verdrängung des Negativen in Form von Niedergeschlagenheit, Depression oder Burnout zeigt.

Deine Gedanken führen zu Handlungen und deine Handlungen wiederum formen dich und gestalten dein Leben. Da dein Körper, dein Geist und deine Seele zusammenwirken, haben deine Gedanken auch Auswirkungen auf deinen Körper und dein seelisches Wohlbefinden. Deine Gedanken sollten immer verbunden sein mit deinen Werten, Zielen und Visionen.

Denn deine Gedanken werden zu Worten, deine Worte führen zu Handlungen, deine Handlungen führen zu Gewohnheiten, deine Gewohnheiten formen deinen Charakter, dein Charakter formt dein Leben und deine Gedanken schaffen Materie.

Deine Gedanken sind geprägt durch deine Glaubenssätze und umgekehrt. Glaubenssätze sind Gedanken, die tief in deinem Geist verankert sind und somit für dich wahr. Sie werden wieder und wieder gedacht. Oftmals sind dir deine Glaubenssätze gar nicht bewusst, da sie dir unbewusst durch Erziehung und Erfahrungen eingeprägt worden sind.

Glaubenssätze sind dafür verantwortlich, wie wir unser Umfeld bewerten und auf Ereignisse reagieren. Gemäß deiner Glaubenssätze nimmst du die Wirklichkeit wahr - diese Wahrnehmung kann in den Augen anderer befremdend oder nicht sinnvoll wirken.

Die Glaubenssätze und die damit verbundenen Gedanken und Verhaltensmuster entstehen vielfach schon in deiner Kindheit. Wenn dir beispielsweise schon im Kindergarten jemand auf mehr oder weniger schonende Weise gesagt hat, dass du nicht zeichnen kannst, dann ist das für dich so. Wenn dir deine Eltern bewusst oder unbewusst mitgegeben haben, dass es Liebe nur im Gegenzug für Leistung gibt, entspricht das deiner

Vorstellung. Wenn dir deine Umwelt vermittelt hat, dass du für nichts zu gebrauchen bist, dann setzt sich das in dir fest. Die damit verbundenen Glaubenssätze und Gedanken werden für dich zur Wahrheit und bestimmen dein weiteres Denken und Handeln. Da diese Glaubenssätze sehr tief in deinem Unterbewusstsein verankert sind, bist du dir dessen nicht wirklich bewusst und kannst sie daher auch nicht so einfach ändern. Du kannst dir das bildlich vielleicht so vorstellen: Das Unterbewusstsein ist ein Elefant und das Bewusstsein bildest du. Du sitzt auf dem Elefanten. Es wird für dich sehr schwierig sein, den Elefanten zu beeinflussen, wenn dieser ganz stur in eine Richtung geht, in die du nicht willst.

Aus diesen Glaubenssätzen und Gedanken entwickelt sich dann eine Abfolge: Glaubenssatz → Aktion → Resultat → Bestätigung des Glaubenssatzes.

Diese Abfolge kann entsprechend negativ oder positiv sein:

Negative Abfolge

> Glaubenssatz: *„Ich kann das nicht!"*
> Aktion: *Keine*
> Resultate: *Keine*
> Bestätigung des Glaubenssatzes: *„Ich habe es ja gesagt!"*

Durch die selbsterfüllende Bestätigung des negativen Glaubenssatzes, des negativen Gedankens, kommst du in eine Negativspirale, aus der du nicht entkommst, solange du die Ursache (den Glaubenssatz) nicht erkennst.

Positive Abfolge

> Glaubenssatz: *„Ich weiß, dass ich das schaffe!"*
> Aktion: *Ich komme durch Energie ins positive Handeln*
> Resultate: *Ich werde positive Ergebnisse erzielen*
> Bestätigung des Glaubenssatzes: *„Ich wusste ja, dass es geht!"*

Und so kommst du dann weiter in eine positive Abfolge, weil dein Handeln deine positive Einstellung bestätigt hat.

Da sich jedoch, wie schon vorhin erwähnt, die Glaubenssätze sehr tief in deinem Unterbewusstsein befinden, ist das Ganze ein Prozess. Das kannst du nicht einfach von heute auf morgen umstellen. Ganz grob kann gesagt werden, dass du für die Implementierung eines neuen, positiven Glaubenssatzes und Gedankens ungefähr drei Wochen intensives

Gedankentraining wie Affirmation, Meditation, Autogenes Training benötigst und für die Umkehrung eines bestehenden Glaubenssatzes ungefähr drei Monate. Immer, wenn du aus diesem Prozess herausfällst, beginnt er wieder von Neuem.

Positives Denken:

Bei dem Thema der positiven Gedanken geht es nicht nur um Gedanken, sondern auch um die damit verbundenen positiven Gefühle und umgekehrt. Die Psychologin Barbara L. Fredrikson hat in ihren Studien gezeigt, dass sich diejenigen Menschen in ihrem Leben wohlfühlen, die dreimal so viele positive wie negative Gedanken haben.

In Zeiten, in denen es dir schlecht geht, stellt sich natürlich die Frage: Woher sollen jetzt die positiven Gefühle und die damit verbundenen positiven Gedanken kommen?

Auch in schwierigen Zeiten erleben wir Dinge, die positiv sind und über die wir uns freuen können. Du musst nur für ein paar Augenblicke deinen Blickwinkel verändern. Du machst einen Spaziergang im Wald, spürst den Wind auf deiner Haut, die Sonne im Gesicht. Jemand lächelt dich freundlich an, du hast ein gutes Gespräch mit einer vertrauten Person. Wenn du deine Aufmerksamkeit darauf richtest, wirst du viel Positives für dich finden.

Bei allem positiven Denken darfst du jedoch nicht in die Falle tappen und alles Negative einfach ignorieren. Wenn du das Negative als den Gegenpol des Positiven ignorierst, dann wird es dich als ein großer Schatten wieder einholen. Du solltest auch das Negative ansehen und dem Negativen Raum geben. Wenn du ein negatives Erlebnis hast und damit verbunden entsprechend negative Gedanken, dann lass es auch zu. Du solltest jedoch nicht für immer und ewig in diesem negativen Zustand verharren. Nach einem für dich und die Situation stimmigen Zeitraum macht es Sinn, wieder aus dem Zustand der Negativität herauszukommen und ins Positive, Lebensbejahende überzugehen. Das kannst du eventuell alleine schaffen, durch den Gedankenstopp oder die Fragetechnik, wie sie von Bayron Katie (the work) praktiziert wird.

Der Gedankenstopp:

Der Gedankenstopp ist eine mentale Technik, bei der du dir in dem Moment, in dem du einen negativen Gedanken bemerkst, selbst sagst: „Stop!" und den Gedanken ganz bewusst in einen positiven umwandelst.

The Work (Bayron Katie):

THE WORK ist eine Selbst-Coaching Methode, die von Byron Katie in den USA entwickelt wurde. Durch die Anwendung des Konzepts wirst du deine negativen Gedankenmuster aufbrechen, einen neuen Blickwinkel auf dein Leben werfen und so ganz neue Lösungen finden.
Im Grunde besteht „The Work" aus vier Fragen und deren Umkehrung.

Die Fragen:

„Ist das wahr?"
„Kannst du mit absoluter Sicherheit wissen, dass das wahr ist?"
„Wie reagierst du, was passiert, wenn du diesen Gedanke glaubst?"
„Wer wärst du ohne den Gedanken?"

Die Umkehrung:

Nachdem du deine Aussage mit den vier Fragen untersucht hast, kannst du sie umkehren.
Jede Umkehrung ist eine Gelegenheit, das Gegenteil der ursprünglichen Beurteilung zu erfahren und die Gemeinsamkeiten zu erkennen, die du mit der verurteilten Person teilst.
Eine Aussage kann ins Gegenteil, auf die andere Person und auf dich selbst umgekehrt werden (manchmal ist auch die Umkehrung zu „mein Denken" möglich). Suche nach mindestens drei echten Bespielen in deinem Leben, bei denen die Umkehrung zutrifft.
Zum Beispiel kann „Franz versteht mich nicht" zu „Franz versteht mich" umgekehrt werden. Eine weitere Umkehrung ist „Ich verstehe Franz nicht". Eine Dritte wäre „Ich verstehe mich selbst nicht".

Wenn du es alleine nicht schaffst, dann macht es Sinn, dir professionelle Hilfe zu holen.
Bedenke, dass du mit deinen Gedanken deine Zukunft erschaffst, denn das, was du heute denkst, erschafft dein zukünftiges Leben.

Angewandtes positives Denken:

Positives Denken in der Theorie macht nur sehr bedingt Sinn und führt, wie so vieles, zu keinen Ergebnissen, wenn du es nicht im Alltag anwendest. Angewandtes positives Denken bedeutet auch, das Positive in dem scheinbar Negativen zu erkennen. Ich möchte dir hierzu nachfolgend ein Beispiel aus dem Alltag darstellen:
Du bist als umweltbewusster und verantwortungsvoller Verkehrsteilnehmer mit deinem Fahrrad unterwegs. Plötzlich kommt ein Auto herangefahren und nimmt dir die Vorfahrt. Du kannst gerade noch mit aller Mühe einen Unfall vermeiden. Jetzt hast du die Möglichkeit, massiv verärgert zu reagieren und dich beschimpfender Art darüber auszulassen. Du kannst das Ganze im Nachhinein noch intensiv vertiefen, indem du dich bei deinen Freunden über das Ereignis aufregst.
Im positiven Sinne könntest du aber in derselben Situation dankbar sein, dass nicht mehr passiert ist und stolz auf dich sein, wie toll du reagiert und somit einen Unfall vermieden hast. Dann kannst du im Anschluss deinen Freunden erzählen, wie du das gemeistert hast.
Dieselbe Situation mit einer anderen Reaktion - und du hast immer die Möglichkeit, in einer Situation das Negative oder das Positive zu sehen, es liegt an dir.

Jeder Gedanke...
- beeinflusst deine Sicht auf die Welt.
- entscheidet darüber, was du wahrnimmst und was du verdrängst.
- legt die Grenzen fest.
- beeinflusst deinen Körper, deine Haltung und deine Ausstrahlung.
- wirkt auf deine Emotionen und Entscheidungen.
- initiiert mutige Handlungen oder ängstliche Blockaden.
- lenkt deine Beziehungswahlen und prägt die Qualität deiner Kommunikation.
- lässt Lebensbejahendes oder Zerstörerisches entstehen.

Darum ist es wichtig für dich, dass du dir Gedanken über deine Gedanken machst. Das bedeutet, dass du dir selbst nicht alles glauben musst, was du denkst, denn nicht jeder Gedanke, den du kennst, muss wahr sein. Du hast immer die Möglichkeit der Wahl, ob du einen Gedanken zulässt oder nicht. Durch das Beobachten deiner Gedanken und allem, was damit verbunden ist, kommst du vom Unbewussten zum Bewussten.
Befreie dich von Gedanken, die eine Form der Urangst in dir auslösen wie

„Ich werde nicht gemocht", „Ich werde nicht geliebt". Auch der Gedanke oder die Angst, von anderen bewertet zu werden, gehört hier dazu.

PRAXIS:

Nimm dir am heutigen Tag speziell Zeit, dir deiner Gedanken gewahr zu werden. „Was denkst du den ganzen Tag?", es sind immerhin ca. 60.000 Gedanken täglich, und „Wie handelst du in Verbindung mit deinen Gedanken?". Mach dir bewusst, dass du auf Basis deiner Gedanken am Tag ungefähr 200 Entscheidungen triffst, bewusste und unbewusste.
Führe eine Gedankenmeditation durch, die dich dabei unterstützt, dich gedanklich zu fokussieren und dir deiner Gedanken bewusst zu werden. Nimm dir dazu ein paar Minuten Zeit, mach es dir bequem, geh in die Stille und beobachte deine Gedanken.

Notizen:...
....
....
....
....
....
....
....
....
....
....
....
....
....
....
....
....
....
....
....

Das Bewusstsein für deine Werte

„Es ist nicht schwer die richtigen Entscheidungen zu treffen, wenn man seine Werte kennt."

Roy Oliver Disney

Ein Bewusstsein für deine Werte ist die Basis für viele Entscheidungen in deinem Leben, deine Ziele und Visionen. Zunächst ist es wesentlich, dich damit auseinanderzusetzen, was Werte sind und in weiterer Folge die für dich wichtigsten Werte zu erfassen und nach Wichtigkeit zu ordnen. Werte erkennst du daran, dass es für dich unumstößliche Eigenschaften und Tatsachen sind, die für dich nicht zur Debatte stehen und die für dich in deinem Leben von essentieller Bedeutung sind: Sie sind etwas, wofür du stehst. Deine Werte beantworten die Frage: „Wofür stehst du?".

„Welcher Wert steht für dich an erster Stelle und wie sieht eine eventuelle Reihung danach aus?". Wenn du dich noch nicht mit deinen Werten beschäftigt hast und dir noch nicht ganz klar ist, was Werte sind, dann findest du dazu nachfolgend eine kurze Werteliste zur Inspiration. Diese Liste erhebt nicht den Anspruch vollständig zu sein und ist beliebig erweiterbar, du findest Wertelisten in unterschiedlichen Formen auch im Intenet. Eine von vielen Möglichkeiten für dich, deine Werte zu erkennen und festzulegen sowie eine Reihung deiner Werte zu erstellen, ist eine sehr pragmatische und funktioniert wie folgt:

Du kannst deine Werteliste durchgehen und zehn Werte auswählen, die für dich passend sind und sich für dich stimmig anfühlen. Dann betrachtest du die Liste mit deinen zehn Werten und machst dir Gedanken darüber, welche fünf von den zehn du streichst. Dann versuchst du, deine fünf übrig gebliebenen Werte in ihrer Wichtigkeit für dich zu reihen.
Wenn du dich bewusst mit deinen Werten beschäftigst, bedeutet das nicht, dass du ins Bewerten kommen sollst. Du musst das Bewerten überwinden und dir völlig wertungsfrei und bewusst Gedanken darüber machen.
Die persönlichen Werte und deren Bedeutung sind, so wie das Leben, einem ständigen Prozess der Veränderung unterworfen, daher ist es wichtig, sich immer wieder über seine Werte klar zu werden und diese auf ihre Stimmigkeit hin zu überprüfen.

Werteliste (Auszug):

Harmonie / Freiheit / Verantwortung / Glück / Lust / Herzlichkeit /
Achtsamkeit / Mitgefühl / Sinn / Humor / Leichtigkeit / Freude /
Selbstbestimmung / Ruhe / Gelassenheit / Leidenschaft / Offenheit /
Loyalität / Natürlichkeit / Sicherheit / Spiritualität / Gesundheit /
Austausch / Großzügigkeit / Nachhaltigkeit / Begeisterung / Friede /
Toleranz / Tradition / Veränderung / Kompetenz / Genuss /
Kommunikation / Verbindlichkeit / Zuverlässigkeit / Ordnung / Kreativität /
Schönheit / Vitalität / Erfolg / Demut / Dankbarkeit / Spielen / Tiefe /
Entwicklung / Geborgenheit / Akzeptanz / Toleranz / Kraft / Zärtlichkeit /
Sinnlichkeit / Lebenslust / Ästhetik / Vielfalt /
Gelassenheit / Sportlichkeit / Charisma / Häuslichkeit / Wissen / Einsicht /
Engagement / Liebe / Weisheit / Rücksicht / Aufregung / Lust / Flexibilität /
Spaß / Klarheit / Offenheit / Großzügigkeit / Präzision / Besonnenheit /
Glaubwürdigkeit / Beharrlichkeit / Ausdauer / Tradition / Heimat / Erfolg /
Natur

PRAXIS:

Nimm dir in Ruhe Zeit, erstelle eine Werteliste für dich und ordne deine
gefundenen Werte nach Wichtigkeit. Überprüfe ab und zu deine Werteliste,
denn das Leben ist Veränderung und es ändern sich damit auch deine Werte.
Was dir heute als ein wichtiger Wert erscheinen mag, kann morgen schon
weniger wichtig sein.

Notizen:...
....
....
....
....
....
....
....
....
....
....
....

Die Berufung finden

„Sie sehen etwas und fragen sich: warum? Ich aber träume von Dingen, die es nie gab, und frage mich: warum nicht?"

Thomas Edison

Mach dir zunächst einmal klar, dass das Wort „Beruf" den Ruf beinhaltet und die Verbindung zur Berufung hat.

Du gehst vielleicht einer beruflichen Tätigkeit nach, die hinlänglich „Job" genannt wird, dich vermutlich nicht erfüllt und infolgedessen nicht sinnstiftend für dich ist. Du verbringst jedoch einen großen Teil deiner Zeit mit dieser Tätigkeit und daher ist es sehr sinnvoll, dich damit auseinanderzusetzen und zu überprüfen, ob die Tätigkeit, der du nachgehst, auch deiner „Berufung" entspricht. Wenn du nicht einfach nur einen Job machen, sondern einen „Beruf" ausüben willst, dann ist es im Sinne des Wortes nützlich, auch deiner Berufung nachzugehen. Nur die wenigsten gehen ihrer Berufung nach bzw. wissen überhaupt, was denn ihre Berufung ist.

Dich einer staatlich organisierten Berufsberatung anzuvertrauen und dich zu dem Thema beraten zu lassen, ist nicht sehr zielführend, denn da wirst du naturgemäß die Berufe und Wege finden, die dem jeweilig vorherrschenden System dienlich sind und nicht unbedingt dir deinen Weg zeigen.

Besser ist es, dich zunächst einmal mit dir selbst zu beschäftigen und in dich zu gehen, zu spüren, was für dich stimmig sein könnte. Du findest immer alles in dir und nicht im Außen, so ist es auch bei diesem Thema. Im Rahmen einer Meditation kannst du dich selbst fragen, worin deine Berufung liegt. Dabei könntest du im ersten Schritt in Gedanken in deine Kindheit zurückgehen und dir ansehen, was du einmal machen wolltest, um dann anschließend herauszufinden, wofür du heute brennst, wo dein Herz aufgeht. Suche dir für diese Meditation, wie für jede Meditation, deinen Lieblingsplatz auf und mache es dir dort bequem, geh in Stille. Übe die Meditationen nach Möglichkeit immer ohne Musik, diese lenkt dich nur vom Wesentlichen ab. Es macht Sinn, wenn du diese Phase zunächst einmal unabhängig von jeglicher wirtschaftlichen Betrachtungsweise erlebst, den Fokus auf das richtest, wofür du brennst.

Es gibt natürlich unterschiedlichste Methoden, wie man seine Berufung finden kann. Neben dem „In-dich-Hineinspüren" möchte ich dir auch noch eine sehr einfache und pragmatische Fragetechnik vorstellen:

Zunächst schreibst du dir zwei Fragen auf ein Blatt Papier:

- Was kann ich gut?
- Was tue ich gerne?

Dann schreibst du dir jeweils drei Antworten auf die Fragen auf. Im nächsten Schritt streichst du jeweils zwei Antworten, um die übrig gebliebenen Antworten (jeweils eine Antwort) zu kombinieren. Aus dieser Kombination ergibt sich ein Begriff, der dir einen Hinweis auf deine Berufung gibt.

In weiterer Folge versuchst du, Antworten auf nachfolgende Fragen zu finden:

- Wofür brenne ich (/Was ist meine Leidenschaft)?
- Würde jemand dafür bezahlen?
- Ist mein Interessengebiet für die Welt vonnöten?
- Kann ich es gut, bin ich ein Experte darin?

Wenn du diese Fragen in Überschneidung bringen kannst und für alle eine schlüssige Antwort findest, erhältst du einen weiteren Hinweis auf deine Berufung. Wenn du für dich das gefunden hast, wofür du brennst, dann „verbrennst" du dabei auch nicht und bist weder von einer Überbelastung (Burnout) noch von einer Unterforderung (Boreout) bedroht. Eine Überlastung in Form von Burnout kommt in den allermeisten Fällen nur dann vor, wenn du einer Tätigkeit nachgehst, in der du keinen Sinn findest und für die du nicht brennst. Wenn du etwas ausübst, das dich begeistert, dann machst du das gerne auch länger und öfter und bist nicht sofort überlastet.

Frage dich auch:

- Was haben andere davon, dass es mich auf diesem Planeten gibt?
- Warum tue ich das, was ich tue?

Wenn du dir nun über deine Berufung Gedanken gemacht hast und (in Gedanken) etwas näher an sie herangekommen bist, kannst du dich im nächsten Schritt mit deinen Zielen und Visionen auseinandersetzen. Denn wenn du deine Berufung gefunden hast, solltest du vielleicht nicht sofort alles Bestehende abbrechen und trennen, sondern mit Bedacht und weiteren bewussten Schritten vorangehen.

PRAXIS:

Setze dich mit der angeführten Fragetechnik auseinander und finde Antworten für dich. Reflektiere dann die Antworten im Zuge einer Meditation oder im Rahmen eines entspannten Spazierganges in der Natur. Das Ganze solltest du alleine für dich machen. Wenn du etwas gefunden hast, das für dich stimmig ist, dann geh damit nicht sofort nach außen. Wenn du zu schnell damit nach außen gehst, besteht die Gefahr, dass „die Zweifler" dich aus deinem Konzept bringen.
Übe dich auch in der Meditation, in der du in deine Kindheit gehst und den Weg bis heute durchlebst.

Notizen:...
....
....
....
....
....
....
....
....
....
....
....
....
....
....
....
....
....

Die Kraft der Ziele

„Versuche nicht ein erfolgreicher Mensch zu werden, sondern ein wertvoller."

Albert Einstein

Es wird, speziell im beruflichen und sportlichen Umfeld, sehr viel von Zielen im Leben gesprochen. Ziele können gut und wichtig sein, bringen dich voran und setzen Handlungen in Gang, du kommst ins Tun. Ziele sind auch nicht ganz unwichtig, wenn du ganz bestimmt vor Augen hast, wo du ankommen willst. Das ist ähnlich wie bei einem Navigationssystem im Auto. Wenn du mit deinem Auto von Innsbruck nach Wien kommen möchtest, dann macht es durchaus Sinn, im Navigationssystem „Wien" als Zielort einzugeben. Wichtig ist dabei, dass du dir überlegst, wo du hin möchtest und nicht, wo du nicht hin willst oder was du nicht in deinem Leben haben möchtest, wie es bei vielen der Fall ist. Viele wissen, wo sie nicht hin wollen, aber kennen nicht ihre Ziele, also wo sie hin wollen. Du solltest immer wissen, was du erreichen willst, wo du hin möchtest, das kann sich natürlich im Laufe eines Prozesses immer wieder ändern.

Ziele können aber auch eine fatale und zerstörerische Kraft besitzen und damit gegen dich arbeiten. Das Gefährliche an Zielen ist, dass man sie erreichen kann. Das klingt zunächst etwas widersprüchlich, aber überlege dir: „Was folgt, wenn du dein Ziel erreicht hast?"

Es ist sinnvoll, mit seinen Zielen und vor allem mit den Wegen zu den Zielen achtsam umzugehen, denn oft ist auch der Weg das Ziel. So kannst du zum Beispiel in deinem Leben nicht das Glück als Ziel sehen, sondern das Glück als den Weg zum Ziel.

Bei der Zieldefinition ist es daher von großer Wichtigkeit, dass die Ziele, die du dir setzt, DEINE Ziele sind, deine „Herzensziele", und damit auch sinnstiftend sind. Wenn du Zielen nachgehst, die ihren Ursprung nicht in dir selbst haben, wirst du diese nur schwer erreichen und keine innere Zufriedenheit spüren. Wenn deine Ziele nicht deine „Herzensziele" sind, kann sich das auch gesundheitlich auswirken und bis zum Burnout führen.

Es ist daher ganz essentiell, dass du bezüglich deiner Ziele Klarheit schaffst, dich mit ihnen beschäftigst, Zielarbeit leistest und sie überprüfst. Deine Ziele müssen sich für dich stimmig anfühlen: Spüre in dich hinein, fühle, wie es dir mit deinen Zielen geht. Wenn du große Ziele hast, dann überlege dir auch, welche Teilziele du dir auf deinem Weg setzen kannst. Wenn du Gewissheit über deine Ziele hast, dann sprich nicht sofort mit jedem darüber, behalte sie zunächst für dich, damit niemand deine Pläne und deine Motivation stört. Nicht jeder ist im ersten Moment von deinen Zielen überzeugt, weswegen sie dann nicht unbedingt positiv gewertet werden. Lass diese möglichen negativen Energien, speziell am Anfang, nicht deinen Weg beeinflussen und mach einfach dein Ding. Wenn du jedoch mit deinem Ziel ganz im Reinen bist und Motivation bzw. positive Energie dafür hast, kann es unterstützend wirken, dies mit vertrauten Menschen zu besprechen. Dieser Prozess schafft dann noch eine zusätzliche Verbindlichkeit und Motivation.

Ganz wesentlich ist es, dass der Weg (ausgehend von deinem Ist - Zustand), den du beschreitest, um dein Ziel und deine Teilziele zu erreichen, ein Weg ist, der dir Spaß und Freude bereitet, denn du solltest ihn auch nach der Zielerreichung noch weiter gehen.

Wenn du zum Beispiel anstrebst, in den nächsten sechs Monaten zehn Kilogramm abzunehmen, macht es keinen Sinn, eine Diät zu beginnen, um dieses Ziel zu erreichen. Du solltest in diesem Fall eine Bewegungs- und Ernährungsweise für dich finden, die dir Freude bereitet und deinem Lebensstil entspricht.

Beachte auch bei deiner Zieldefinition, dass du mit deinen Zielen nicht andere bewusst in negative Situationen bringst. Wenn du zum Beispiel das Ziel hast, an einem Wettkampf teilzunehmen, dann sollte das Gewinnen des Wettkampfes nicht dein Ziel sein. Das Gewinnen des Wettkampfes würde bedeuten, dass du willst, dass andere verlieren, du machst damit ganz bewusst andere zu Verlierern und das wirkt sich letztlich immer negativ auf dich aus. In diesem Fall wäre ein Ziel, dass du für dich besser bist als das letzte Mal und dein Bestes für dich gibst.

Deine Ziele, rein sachlich betrachtet, sollten sehr konkret sein, jedes Ziel involviert Ort, Zeit und Form: Wir verdoppeln in Österreich (Ort) den Umsatz für die Produktreihe X (Form) bis 2020 (Zeit). Das bedeutet auch, dass Ziele SMART sein sollten:

- **S**pezifisch (genau beschrieben)
- **M**achbar (für dich umsetzbar)
- **A**ttraktiv (eine Herausforderung)
- **R**ealistisch (Zeit, Umsetzbarkeit, Herausforderung, stimmig)
- **T**erminiert (das Erreichen des Ziels sollte ein Datum haben)

Was in dieser sehr sachlichen Methodik noch für dich persönlich zu ergänzen ist, bildet den wichtigsten Aspekt beim Thema „Ziele", nämlich die Leidenschaft, die Begeisterung, die Sehnsucht. Wie immer du es für dich bezeichnen magst, es ist das, was dich antreibt, was dich morgens euphorisch aufstehen lässt und dich für dein Ziel motiviert. Wenn du so einen Antrieb erfährst, brauchst du nicht mutig zu sein, denn du wirst dich nicht überlasten oder ein Burnout erleiden. Du bist dabei, du brennst dafür. Wenn du auf dem Weg zum Ziel Teilerfolge hast, dann feiere diese immer ausgiebig und intensiv. Überprüfe auch hin und wieder, ob du auf dem richtigen Weg bist und ob das, was du gerade tust, auch deinem Ziel dienlich ist.

Ein sehr wichtiges Thema bei deiner Zielfindung und somit auch Zielarbeit ist die „Vision". Dabei geht es um die Fragen „Wofür brennst du?", „Wofür machst du das alles?", „Was ist dein höheres Ziel, das über allen anderen Zielen steht?"

Wenn du für dich Ziele („Herzensziele") definierst, dann wähle dir auch gerne große Ziele. Es ist meistens so, dass wir die Konkurrenz überschätzen und uns selbst unterschätzen. Große Ziele - deine „Herzensziele" - mobilisieren in dir alle Kräfte, die dich auch durch aufkommende Krisen führen. Dagegen entwickeln kleine Ziele entsprechend weniger Kraft und behindern dein Vorankommen. Frage dich also, wofür du brennst, was dich antreibt und folge diesem Ruf.

Ziele im Spiel des Lebens:

Du kannst dein Leben auch als Spiel ansehen. In diesem kannst du dich herumtreiben lassen oder es bewusst in die Hand nehmen. Wenn du ziellos bist, bestimmen andere das Spiel, in dem du lediglich mitspielst. Weißt du jedoch genau, wo du hinwillst, bist du derjenige, der die Regeln und den Verlauf deines Lebens bestimmt. Du entscheidest dann, welches Spiel du spielst, welche Wege du gehst und welche Schritte du machst. Mit der Wahl des Ziels hast du grundsätzlich alles bestimmt, deshalb ist es wesentlich, „Zielklarheit" zu besitzen. Mit der „Zielklarheit" definierst du für dich, wo du am Ende angekommen sein möchtest.

Bildlich kannst du dir das so vorstellen: Du sitzt in hohem Alter in deinem bequemen Stuhl, hast deine Enkelin auf dem Schoß und erzählst ihr von deinem Leben. Was möchtest du ihr erzählen?

Bedenke aber auch, dass du in jedem Lebensabschnitt andere Ziele haben kannst. Bei all deinen Handlungen solltest du darauf bedacht sein, ob das, was du gerade machst, deinem Ziel dienlich ist, für dich stimmig ist und ob dich das auf deinem Weg dorthin weiterbringt. Alles, was dir als nicht dienlich erscheint und sich nicht stimmig anfühlt, solltest du loslassen. So kommst du mit der Zeit immer mehr vom Unwesentlichen zum Wesentlichen. Es wird immer fokussierter und stimmt für dich. Du kommst dem Wesen der Dinge immer näher.

PRAXIS:

Mache dir konkrete Gedanken zu deinen Zielen. Gehe in Gedanken deine Ziele durch und spüre in dich hinein, ob dies wirklich deine Ziele sind und ob sie deine „Herzensziele" sind. Mach dir dabei bewusst, dass schon der Weg ein Teil des Ziels ist, denn alles ist miteinander verbunden. Finde einen ruhigen Platz und meditiere über deine Zielthemen.

Notizen:...
....
....
....
....
....
....
....
....
....
....
....
....
....
....
....
....
....
....
....

Die Energie der Vision

„Wir sehen die Dinge nicht so, wie sie sind, sondern so, wie wir sind"

Anais Nin

Die Vision in deinem Leben ist im Grunde das, was dich täglich antreibt, sie ist das auf deine Zukunft bezogene innere Bild deiner Vorstellung. Sie gibt dir die Energie, früh morgens ganz locker aus dem Bett zu kommen. Die Vision beantwortet die Frage nach dem „Wofür" und das „Warum": „Wofür oder warum mache ich das alles? Und wofür bin ich auf diesem Planeten?". Erich Fromm sagt: *"Wenn das Leben keine Vision hat, nach der man sich sehnt, dann gibt es auch kein Motiv, sich anzustrengen."*
Frage dich also einmal selbst: „Was ist denn mein Warrum?" Du solltest dir also bewusst machen, was deine Vision ist, denn sie ist das, was über deinen Zielen steht. Ziel und Vision müssen stimmig sein. Du musst das Zusammenspiel dieser beiden Parameter regelmäßig überprüfen und hineinspüren, ob die Stimmigkeit gegeben ist. Nur dann ist das eine Bereicherung für dich. Du kannst dir die Vision auch vorstellen als den Titel des Buches deines Lebens und deine Ziele sind dann die einzelnen Kapitel.
Deine Vision ist im Gegensatz zu deinen Zielen nicht so exakt (z.B. SMART) definierbar. Sie ist nicht so greifbar wie deine Ziele es sind, sie ist dein Rückhalt, wenn du deine Ziele einmal aus den Augen verlierst, sie stellt deine Mission dar. Deine Vision ist natürlich auch eng mit deiner Berufung verbunden. Ziele, Berufung und Vision sind ineinander verzahnt, wobei die Vision über allem steht. Diese Wechselwirkung gilt es für dich zu überprüfen, um herauszufinden, ob sie stimmig ist. Dieses Überprüfen kannst du auf sehr sachlicher Ebene mithilfe deiner Gedanken machen oder in Form von Meditationen. Wichtig ist, dass du den für dich richtigen Weg findest, bei dem du auch „ein gutes Bauchgefühl" (Intuition) hast.

Mögliche Visionen könnten sein:

- Anderen Menschen kostbare Augenblicke bescheren
- Die Welt zu einem besseren Ort machen
- Menschen zu einem besseren Alltag verhelfen
- Menschen in ihrer Entwicklung unterstützen
- ….......

Achte immer darauf, dass deine Vision kein übersteigertes Bild von dir selbst enthält, beispielsweise das eines Filmstars. Die Vision sollte, ebenso wie das Ziel, kein „Habenwollen" enthalten. „Habenwollen" und ein übersteigertes Selbstbild geben dir keine Kraft und keine Energie. Achte bei Visionen und Zielen darauf, dass du dich mit Aktivitäten identifizierst, bei denen du engagiert und mit anderen Menschen verbunden bist. Du solltest dich als jemanden sehen, der andere inspiriert und bereichert. Denn dann sind deine Visionen und Ziele zum Wohle aller und entwickeln Kraft, Kreativität und Energie. Die Vision hat auch viel damit zu tun, ob du ein erfülltes Leben führst. Ein erfülltes Leben kannst du nur führen, wenn du wirklich DEIN Leben lebst. Das bedeutet, dein Leben wird von dir selbst bestimmt.

Dein Leben beginnt nicht mit deiner Geburt, sondern dann, wenn du zu Bewusstsein kommst und dein Leben selbstbestimmt lebst. Deine Vision kann dir eine grundsätzliche Richtung im Leben geben und in schwierigen Situationen deine Motivation sein.

Im engeren Sinne kann sie auch in der Beantwortung folgender Fragen liegen: „Worauf bin ich die Antwort in diesem Leben?", „Worum soll es für mich in diesem Leben gehen?"

PRAXIS:

Mach dir Gedanken darüber, was deine Vision (Mission) ist und schreibe sie auf. Überprüfe für dich die Stimmigkeit durch stille Meditation und spüre, wie es sich anfühlt. Überprüfe immer wieder deine Vision im Zusammenspiel mit deinen Zielen.

Notizen:..
....
....
....
....
....
....
....
....

Die Motivation

"Wenn du ein Schiff bauen willst, so trommle nicht Männer zusammen um Holz zu beschaffen, Werkzeuge vorzubereiten, Aufgaben zu vergeben und die Arbeit einzuteilen, sondern lehre die Männer die Sehnsucht nach dem weiten endlosen Meer."

Antoine de Saint Exupery

Du kennst das sicher: Der Jahreswechsel steht an und du hast jede Menge Motivation, um deine Vorsätze umzusetzen. Oder: Du sitzt motiviert in der Arbeit und ganz plötzlich erlischt deine Motivation.

Motivation brauchst du immer dort, wo der Sinn verloren gegangen ist, weshalb sie oftmals sehr schnell verebben kann. Es gibt zwei Wurzeln der Motivation: Liebe und Angst. Dein Streben nach Sicherheit und Anerkennung ist von der Angst getrieben. Dein inneres Wachstum in Verbindung mit deiner Selbstverwirklichung als Weg, der das Ziel ist, erwächst aus der Liebe.

Es ist auch immer wieder das Verhältnis der Motivation zu den Ausreden ausschlaggebend. Wenn es dir gerade in den Kram passt, dann findest du immer eine Ausrede, warum du etwas nicht machen kannst. An der Motivation zu arbeiten, ist oft schwer, aber an die Ausreden kannst du gezielt herangehen. Nimm in so einer Situation ganz bewusst deine Ausreden wahr und bearbeite sie für dich.

Es gilt dabei: Je größer deine Ausreden sind, umso kleiner ist deine Motivation und umgekehrt.

Eine ganz weit verbreitete Ausrede ist: „Ich habe keine Zeit". Es ist jedoch ein Faktum, dass wir alle gleich viel Zeit haben. Wir alle bekommen jeden Tag 24 Stunden zur Verfügung gestellt. Jetzt geht es darum, was du in diesen 24 Stunden machst. Zeit für etwas zu haben bedeutet gleichzeitig, Prioritäten zu setzen. Wenn etwas für dich wichtig ist, findest du auch die Zeit dafür. In Europa verbringen die Menschen durchschnittlich vier bis sechs Stunden pro Tag vor dem Fernseher, um sich großteils völlig sinnentleerte Inhalte anzusehen. Dazu kommen noch die Zeit vor dem Laptop (soziale Netzwerke) und das Thema „Handy". Da ist also jede Menge Zeit, Potenzial, zur Verfügung, um das Leben mit lebensbejahenden Aktivitäten zu verbringen. In diesem Zusammenhang sei auch erwähnt, dass klassisches Zeitmanagement und generell der Begriff „Zeitmanagement" falsch angesetzt sind. Zeit kannst du nicht managen, die Zeit vergeht so, wie sie vergeht, du kannst nur deine Prioritäten innerhalb dieser Zeit managen.

Das Thema „Zeit" ist nur eine von vielen Ausreden, auch alle anderen können so hinterfragt werden.

Wenn das Thema „Motivation" die Arbeit betrifft, darfst du dich fragen, ob du einen „Job" hast oder ob du deiner Berufung (deinem Ruf) folgst. Ist die Motivation im sportlichen Umfeld ein Thema, kannst du dich mit der Frage auseinandersetzen, ob der Sport, den du ausübst, „deiner" ist und wer entschieden hat, dass du gerade diesen Sport machst. Wenn du für sportliche Wettkämpfe trainierst, dann frage dich einmal, ob du ein Sieger oder Gewinner sein willst. Der Sieger hinterlässt immer Verlierer, während der Gewinner nur dann Gewinner ist, wenn alle davon profitieren. Was ist deine Motivation im Sport? Versuche immer ein Gewinner zu sein, denn der Sieger hat einen ganz großen Schatten. Es gibt jede Menge populäre Sieger im Sport, die nach ihren Siegen ihren Schatten erleben mussten. In der sportlichen Praxis kann das so aussehen, dass deine Motivation nicht darin besteht, jemanden zu besiegen, sondern heute besser zu sein als gestern. Dasselbe gilt auch für dein Berufsleben.
Stimmen die Dinge, die du tust, nicht mit deinen „Herzenszielen" und deiner Vision überein, ist es kaum möglich, die Motivation über einen längeren Zeitraum und nachhaltig aufrechtzuerhalten.

Bei der Motivation sind die innere (intrinsische) und die äußere (extrinsische) Motivation zu unterscheiden. Die innere Motivation ist eine nachhaltige, da sie von dir kommt und somit mit deinen Ideen und Vorstellungen übereinstimmt. Die von außen kommende Motivation ist zumeist nur über einen sehr kurzen Zeitraum wirksam. Sie kann dir beispielsweise durch Anfeuerung deiner Trainer oder Fans bei Wettkämpfen helfen, über ein Tief zu kommen oder über deine Grenzen zu gehen. Ein weiteres Beispiel wäre die Gehaltserhöhung, die ebenfalls nur über einen kurzen Zeitraum wirksam ist.
Die Basiselemente der Motivation bilden Liebe und Angst. Wenn wir etwas tun, machen wir das aus Liebe oder aus Angst, dies sind die Motive. Wo die Liebe ist, kann niemals die Angst sein und wo du die Liebe findest, da ist niemals die Angst.

Was motiviert dich eigentlich, zur Arbeit zu gehen?

Das Ego sagt:
- •Sicherheit – auch wenn es nur scheinbar ist
- •Unsicherheit – Herausforderungen
- •Signifikanz – etwas Besonderes sein, vorne sein

→ Das ist die Angst: Das Leben ist unsicher, langweilig und ich bin unbedeutend. Nur wenn ich mehr als andere habe, bin ich besser als sie

Der Weg ist:
- •Inneres Wachstum – nicht von außen getrieben
- •Geben – anderen etwas geben, Dienste leisten

→ Das ist die Liebe: Der Weg wird zum Ziel, das ist die Freude am Tun. Du bist im Hier und Jetzt, in deiner vollen Motivation und Leidenschaft.

PRAXIS:

Überprüfe in allen Bereichen, in denen du mit deiner Motivation zu kämpfen hast, die Motive, die dich dort hingeführt haben.
Meditiere zu den Themen „Beruf" und „Berufung". Gehe dabei in Gedanken zurück in deine Kindheit und beschreite den Weg bis heute.
Welche Ausreden hast du und wie stehen sie im Verhältnis zur Motivation?
Teile längere Projekte, egal, ob beruflich oder privat, in kleinere Abschnitte ein und feiere jeden, den du erreicht hast.
Versuche, in allen Bereichen eine Motivation von innen zu generieren. Eine Motivation, die mit deinen Zielen und deiner Vision im Einklang ist, wirkt nachhaltig und entfacht das Feuer in dir.
Mach dir Gedanken über deine Ausreden und hinterfrage sie kritisch.

Notizen:...
....
....
....
....
....

Das Hier & Jetzt

„Zeit ist überhaupt nicht kostbar, denn sie ist eine Illusion. Was dir so kostbar erscheint, ist nicht die Zeit, sondern der einzige Punkt, der außerhalb der Zeit liegt: das Jetzt. Das allerdings ist kostbar. Je mehr du dich auf die Zeit konzentrierst, auf Vergangenheit und Zukunft, desto mehr verpasst du das Jetzt, das Kostbarste, was es gibt".

Eckhart Tolle

„Jetzt" ist in jedem Augenblick, „jetzt" ist immer und war immer. Das Meiste in deinem Alltag tust du in Hinblick auf die Zukunft, bezogen auf ein entferntes Ziel oder du bewegst dich in der Vergangenheit. Die Gefahr dabei ist, dass du den augenblicklichen Moment verpasst. Mach dir bewusst, dass du nur im Moment lebst und der aktuelle Moment, das *Jetzt*, alles ist, was du hast. Setze deinen ganzen Fokus auf das Hier und Jetzt. Mach dir weiters bewusst, dass die Vergangenheit und die Zukunft nur Konstrukte deines Gehirns sind, denn die Vergangenheit ist vorbei und die Zukunft ist noch nicht da bzw. ungewiss. Wenn du dich zu viel in der Vergangenheit bewegst, macht dich das unter Umständen depressiv und ein Leben in der Zukunft, die noch nicht da und unbestimmt ist, kann zu Ängsten führen. Wenn du zu viel mit der Vergangenheit bzw. Zukunft beschäftigt bist, ziehen die schönen Momente im Hier und Jetzt an dir vorbei. Alles, was du hast, ist das Hier und Jetzt, mach dir immer wieder klar, wie wertvoll das Hier und Jetzt ist.

Wenn du eine Tätigkeit ausführst, dann sei mit deiner vollen Aufmerksamkeit bei dem, was du gerade tust. Deine Energie folgt immer deinen Gedanken. Wenn du gedanklich von deiner momentanen Tätigkeit abweichst, wird auch die Energie entsprechend weniger. Ganz egal, ob du deiner Arbeit nachgehst, mit deinem Partner Zeit verbringst, Sport betreibst oder ein Buch liest, sei immer voll und ganz dabei und im Hier und Jetzt.

Lass dich nicht in das „Multitasking" treiben, denn das funktioniert ganz einfach nicht. Du kannst, wenn du einer Tätigkeit hundertprozentige Aufmerksamkeit schenkst, nicht mehrere Dinge gleichzeitig erledigen. Du kannst und sollst immer nur einen Schritt nach dem anderen machen, ansonsten fängt sich deine Aufmerksamkeit an aufzuteilen und du wirst stolpern. Du kannst nur im Hier und Jetzt sein, wenn deine ganze Konzentration dem gewidmet ist, was du gerade tust.

Das gilt nicht nur für Handlungen, die du durchführst, sondern auch für Menschen, mit denen du deine Zeit verbringst. Sei immer voll und ganz bei dem, was gerade ansteht, widme dich dem Hier und Jetzt und du wirst entsprechende Fülle zurückbekommen. Nur das, was du gibst, kannst du auch bekommen.

Eine schöne Methode, deine Aufmerksamkeit auf den Moment zu richten, ist die Atmung. Den ganzen Tag „wirst du geatmet", du brauchst nichts bewusst zu machen, du atmest einfach. Wenn du dir jedoch deinen Atem bewusst machst und darauf bedacht bist, dann befindest du dich automatisch in diesem Augenblick. Atmen kannst du nur „jetzt", du kannst nicht in die Zukunft atmen und auch nicht in die Vergangenheit. Im Moment der Konzentration auf den Atem kannst du dir bewusst machen, dass du Lebensenergie atmest und dich dadurch mit Energie füllst.

Zum Leben im *Jetzt* möchte ich dir noch folgenden Gedanken mitgeben. Der augenblickliche Moment, das *Jetzt*, ist ewig, denn das *Jetzt* war immer und wird immer sein. Es hat immer einen augenblicklichen Moment gegeben und es wird ihn immer geben.

PRAXIS:

Übe dich ganz bewusst darin, im Augenblick zu leben. Wenn du das nächste Gespräch mit jemandem führst, sei voll und ganz für die Person da, mit der du sprichst. Wenn du das nächste Seminar besuchst, dann richte deinen Fokus, deine Aufmerksamkeit, auf dieses Seminar und lass dich durch nichts von deinem Tun ablenken (Handy oder anderes,..). Sei präsent im Hier und Jetzt.

Notizen:..
....
....
....
....
....
....
....
....
....
....

Die Dankbarkeit

„Der Undank ist immer eine Art Schwäche. Ich habe nie gesehen, daß tüchtige Menschen undankbar gewesen wären ".

Johann Wolfgang von Goethe

Die Dankbarkeit ist die Basis für unseren Erfolg – was auch immer „Erfolg" für dich bedeutet. Wenn du nicht dankbar für das bist, was im Augenblick ist, dann bist du auch nicht bereit für mehr. Die Dankbarkeit kannst du täglich ausleben. Es gibt immer etwas, wofür du dankbar sein kannst. Möglicherweise bist du aktuell in einer etwas schwierigen Situation und hast nicht das Gefühl, dass Dankbarkeit angemessen ist. Wenn du jedoch genauer hinsiehst, wirst du feststellen, dass es sehr vieles gibt, wofür du dankbar sein kannst. Das beginnt, wenn du morgens aufwachst: Du kannst dankbar dafür sein, dass du ein Bett hast und ein Dach über dem Kopf, dass du Hände besitzt, aufstehen kannst, dir ein neuer Tag mit vielen Möglichkeiten bevorsteht und einiges mehr. Jeden Tag bekommst du 86.400 Sekunden geschenkt und kannst deinem Leben in jedem Augenblick davon eine neue, für dich stimmige Richtung geben. Über diese Bereicherung solltest du dich freuen, solltest sie für dich nutzen und dir nicht von ein paar Sekunden, in denen du dich vielleicht ärgerst, die ganze restliche Zeit kaputt machen lassen. Jeden Abend, wenn du dich zur Ruhe begibst, hast du ebenfalls wieder die Möglichkeit, den Tag durch Dankbarkeit positiv zu beenden. Wie auch immer das Heute verlaufen ist, mag es noch so schlecht gewesen sein, du wirst immer einige Punkte finden, die gut gelungen sind. Richte deine Aufmerksamkeit vor dem Einschlafen mithilfe von Dankbarkeit auf diese positiven Ereignisse.

Beispiele zu „Dankbarkeits-Affirmationen":

„Ich bin dankbar für mein Leben."

„Ich bin dankbar, dass ich immer frei wählen kann."

„Ich bin dankbar für alles, was in meinem Leben ist."

„Ich bin dankbar für diesen Tag."

„Ich bin dankbar für jeden Menschen in meinem Leben."

Die wirklich gefühlte Dankbarkeit verursacht das, wofür du dankbar bist. Wenn du frühmorgens aufstehst und von ganzem Herzen dankbar bist, dass du wieder einen wundervollen, schönen Tag bekommen hast, dann wird dieser auch entsprechend verlaufen.

PRAXIS:

Mach dir am Morgen und am Abend bewusst, wofür du dankbar sein kannst. Übe dich auch in Mediationen der Dankbarkeit. Nimm in Phasen der Dankbarkeit alle Ratschläge und Rückschläge als Basis für deine Weiterentwicklung an. Entwickle eigene, für dich stimmige Affirmationen für die Dankbarkeit.

Notizen:..
....
....
....
....
....
....
....
....
....
....
....
....
....
....
....
....
....
....

Die Affirmation

"Das Glück deines Lebens hängt von der Beschaffenheit deiner Gedanken ab" oder auch "Das Leben eines Menschen ist das, was seine Gedanken daraus machen."

Marcus Aurelius

Die Affirmationen sind sehr intensiv mit unseren Gedanken verbunden und sind ganz einfache, klare, positiv formulierte Sätze. Das Ziel besteht darin, Blockaden zu lösen und festgefahrene, begrenzende Gedankenstrukturen zu entfernen und neue positive, erweiternde Gedankenmuster zu schaffen.

Du kannst durch die Affirmationen deine Fähigkeiten unterstützen und dein eigenes Verhalten systematisch steuern. Die Affirmationen sind, gut eingesetzt, ein wichtiger Beitrag für deine persönliche Weiterentwicklung.

Mit den Affirmationen hast du auch einen Zugang zu deinem Unterbewusstsein. In deinem Unterbewusstsein sind genauso all jene Affirmationen abgespeichert, die du als Glaubenssätze in deiner Kindheit implementiert bekommen hast. Diese können zum Beispiel sein:

- „Wie soll aus dir etwas werden?"
- „Schade, dass du so ein dickes Kind bist, du hast so ein schönes Gesicht!"
- „Du bist immer so schlampig!"
- „Du bewegst dich wenig geschmeidig!"

Du erinnerst dich vielleicht an deine Kindheit, dann fallen dir auch noch weitere solche Glaubenssätze ein. Als Kind übernimmst du diese Glaubenssätze ungeprüft und hältst diese für wahr. Auch dein Unterbewusstsein überprüft nicht, sondern nimmt nur auf. So entstehen Beschränkungen, die ihren Ursprung in deiner Kindheit haben.

Diesen Beschränkungen kannst du mit gezielt formulierten Affirmationen entgegenwirken. Damit für dich die Affirmationen wirksam sind, gilt es, ein paar Grundsätze zu beachten:

- Die Affirmation muss positiv formuliert sein und zum Problem passen!
- Deine Bereitschaft für den Änderungsprozess muss vorhanden sein!
- Du musst dir darüber im Klaren sein, was du wirklich willst!

Nachfolgend ein paar Tipps für die Vorgehensweise:

- Stelle dir möglichst bildhaft vor, was dein Ziel ist!
- Stelle dir auch vor, dass du dein Ziel bereits erreicht hast!
- Benutze also die Gegenwartsform deiner Formulierung!
- Man sagt, dass unser Unterbewusstsein Verneinungen nicht von Bejahungen unterscheiden kann, aber ich empfehle dir, in Affirmationen ausschließlich Bejahungen zu wählen. Wenn du die Affirmation wählst: „Ich will nicht mehr schwach sein", versteht dein Unterbewusstsein möglicherweise nur „schwach sein" - und dass ist ja nicht die beabsichtigte Neu-Programmierung. Gib stattdessen deinem Unterbewusstsein eine klare, eindeutige Botschaft in der Gegenwartsform: „Ich bin stark und das ist gut so."
- Lasse deine Affirmation auf deinen gesamten Körper wirken!
- Stelle dir die Verwirklichung deiner Affirmation deutlich vor!
- Stelle dir deinen Zustand, der mit deiner Affirmation verbunden ist, intensiv vor!
- Spüre, wie sich deine Affirmation nach und nach zu verwirklichen beginnt. Entspanne dich - in die Energie deiner Affirmation hinein!
- Genieße die wohltuende Wirkung und die positive Veränderung, die mit deiner Affirmation einhergehen!
- Beende deine Affirmation immer als Dank. Danke dem Universum für die Verwirklichung deines Wunsches!
- Nimm dir jeden Tag Zeit!
- Richte dir ein kleines Ritual ein!
- Sag dir die Affirmation nicht nur im Stillen auf. Ihre Wirkung erhöht sich, wenn sie laut gesprochen wird: Das Gehör übernimmt zum Einen eine zusätzliche Kontrolle über die Stimmigkeit der gesprochenen Worte und ist gleichzeitig eine weitere Wahrnehmungsquelle.
- Schreibe deine Affirmationen auch auf mehrere Zettel und befestige diese in der Wohnung an Stellen, zu denen du erfahrungsgemäß häufiger hinschaust! Die Wirksamkeit einer Affirmation erhöht sich mit der Häufigkeit, mit der das Gehirn trainiert wird.
- Du kannst deine Affirmationen zudem auf Band sprechen und sie immer hören, wenn sich eine gute Gelegenheit bietet.

- Eine verstärkende Wirkung der Affirmation erzielst du, wenn du diese immer wieder einmal per Hand aufschreibst.

Beispiele zu Affirmationen:

- Ich genieße die Fülle und den Reichtum in meinem Leben.
- Ich bin immer der Schöpfer meines Lebens.
- Ich bin ohne Angst und Zweifel.
- Ich habe immer Zeit für die wichtigen Dinge in meinem Leben.

Die Affirmationen haben einen unmittelbaren Zusammenhang mit dem positiven Denken. Bei beiden Themen ist es wichtig, dass du dir klar machst, dass das Techniken sind, die nicht für sich alleine wirken. Wir leben in einer polaren Welt und so gehört immer auch das Negative zum Positiven. Ergänze diese Techniken mit dem Tun, denn du kannst affirmieren bis dir schwindelig wird, wenn keine Handlungen folgen, ist das Ganze nur eine schöne Übung, jedoch ohne Ergebnis. Wenn du nur affirmierst, dann ist das so, als ob du nur eine Decke über deinen Müll gibst, du musst auch den Müll wegräumen (handeln/tun).

PRAXIS:

Versuche in Ruhe deine Glaubenssätze aufzuspüren und formuliere Affirmationen, um diesen entgegenzuwirken, übe das Affirmieren.
Schreibe eine Affirmation für ein Veränderungsthema in deinem Leben und bring diese Veränderung in dein Leben mit den Affirmations-Techniken (z.B.: laut vorsagen, lesen, schreiben) und handle.

Notizen:..
....
....
....
....
....
....
....
....

Das Segnen

„Beim ersten Licht der Sonne heute – sei gesegnet!
Wenn der lange Tag gegangen ist – sei gesegnet!
In deinem Lächeln und in deinen Tränen – sei gesegnet!
An jedem Tag deines Lebens – sei gesegnet!"

Altirischer Segenswunsch

Segnen und segensreich zu leben und dadurch alles segensreich zu verändern, ist ein wundervoller Weg zur Lebensgestaltung. Das Segnen klingt für dich vielleicht etwas religiös und spirituell, aber das Segnen ist eine Fähigkeit, die wir alle in uns haben. Das Segnen und segensreich zu leben sind eng verbunden mit dem Thema der Dankbarkeit. Jeder von uns kann Dinge, Situationen, Menschen segnen, wenn er das aus tiefster Überzeugung und mit der Kraft seines Herzens macht. Segnen ist eine sehr alte Fähigkeit, die schon etwas in Vergessenheit geraten ist, meine Großmutter beispielsweise hat ehemals noch das Brot, die Butter und die Tiere im Stall gesegnet und benötigte auch den Segen ihrer Eltern, um heiraten zu können. Segnen ist im Grunde eine Aussendung von Gedankenenergie, somit ist es mit der unglaublichen Kraft der Gedanken verbunden. Segnen ist durch seine Verbindung mit der Gedankenkraft und der Dankbarkeit von starker Wirksamkeit und alles, was du aussendest, also ehrlichen Herzens segnest, kommt auch wieder zu dir zurück. Durch dein Segnen kannst du Situationen, Dinge, Menschen, Tiere segensreich verändern. Diese Veränderungen finden unmittelbar statt, geografische Nähe zu den entsprechenden Menschen oder Objekten ist nicht notwendig. Alles, was du ehrlichen Herzens und mit Liebe segnest, wird auch dir zum Segen.

PRAXIS:

Übe dich täglich im Segnen ehrlichen Herzens und befreie dich dabei von deinen religiösen Vorstellungen. Mach dir immer wieder bewusst, dass du segnen kannst und auch Segen empfangen kannst, wodurch dein Leben segensreicher wird.

Notizen:...
....
....

Die Macht des Unterbewusstseins

„Das Unbewusste ist kein dämonisches Ungeheuer, sondern ein moralisch, ästhetisch und intellektuell indifferentes Naturwesen, das nur dann wirklich gefährlich wird, wenn unsere bewusste Einstellung dazu hoffnungslos unrichtig ist. In dem Maße, wie wir verdrängen, steigt die Gefährlichkeit des Unbewussten".

Carl Gustav Jung

Neben deinem Bewusstsein verfügst du auch noch über ein sehr mächtiges Unterbewusstsein. Sei dir über Folgendes im Klaren: Wann immer du eine bewusste Entscheidung triffst, hat dein Unterbewusstsein schon vorher entschieden und dich entsprechend zu deiner bewusst getroffenen Entscheidung geführt.

Das Unterbewusstsein im Verhältnis zum Bewusstsein ist sehr groß und mächtig. Wenn du dir das auf einer linearen Strecke vergegenwärtigst, kannst du dir das Verhältnis so vorstellen, dass das Bewusstsein eine Länge von fünf Millimetern hat und das Unterbewusstsein eine Strecke von elf Kilometern. Das bedeutet jedoch nicht, dass das Bewusstsein so klein und schwach ist, sondern das Unterbewusstsein ganz einfach so groß.

Falls du den Führerschein gemacht hast, dann erinnerst du dich noch an deine erste Fahrstunde. Das war schon sehr komplex: Lenken, schalten, schauen, kontrollieren, denken und was noch alles beim Autofahren zu beachten ist. Du hast daher sehr langsam und vorsichtig begonnen. Nach ein paar Fahrstunden ist das Ganze schon wesentlich besser gelaufen und nach ein paar Monaten passierte schon alles wie von selbst. Du musstest dann nicht mehr über die Bewegungsabläufe nachdenken, denn es ist alles in dein Unterbewusstsein eingeflossen. So hast du schon viele Tätigkeiten in deinem Leben gelernt, über die du dir heute keinen Kopf mehr machst, sie laufen wie von allein. Diese Abläufe hast du einfach so lange wiederholt, bis sie in deinem Unterbewusstsein abgespeichert waren.

Die Macht des Unterbewussten kann aber auch negativ auf uns wirken. Wenn dir in deiner Kindheit jemand vermittelt hat, dass du nicht zeichnen kannst, nicht lesen kannst, nur geliebt wirst, wenn du etwas Bestimmtes leistest, dann hat sich das als deine *Wahrheit* in deinem Unterbewusstsein verfestigt. Diese negativen *Glaubenssätze* beschränken dich in deinem Fortkommen und in deiner Entwicklung (siehe dazu auch Kapitel: „Dein Potenzial").

Es gibt zwei sehr effiziente Möglichkeiten, um auf das Unterbewusstsein einzuwirken: Die Wiederholung und die Hypnose. Die Technik der Wiederholung lässt sich an dem vorher beschriebenen Beispiel mit dem Erlernen des Autofahrens erläutern. In diesem Fall übt man eine Tätigkeit so lange, bis diese im Unterbewusstsein landet und somit wie von selbst abläuft. Diese Technik der Wiederholung funktioniert aber nicht nur für mechanische Abläufe, sondern auch für Gedanken. So kannst du zum Beispiel durch ständiges Wiederholen eines positiven Glaubenssatzes (Affirmation) einen bestehenden negativen Glaubenssatz umkehren oder aber auch neue Glaubenssätze implementieren.

Beispiel:
Negativer Glaubenssatz: „Ich kann nicht singen."
Dieser Glaubenssatz schränkt dich in deiner Entwicklung ein. Jeder, der sprechen kann, kann auch singen.

Affirmation (Positiver Glaubenssatz) dazu: „Ich habe eine schöne Stimme und erfreue mich am Singen."

Die Affirmation muss man sich immer wieder laut vorsagen und idealerweise auch aufschreiben und immer wieder lesen. Wenn du einen negativen Glaubenssatz umkehren willst, solltest du das ca. 90 Tage lang machen und wenn du einen neuen implementieren willst, ca. 20 Tage.

Bei der zweiten Technik, der Hypnose, kannst du unterschiedliche Hypnosetechniken einsetzen. Bei der Hypnose fällt dir sicherlich zuallererst die Show-Hypnose ein, die du aus Fernsehshows oder von Veranstaltungen kennst. Hypnose ist jedoch viel weitläufiger als nur die Show-Hypnose, die ja so genannt wird, weil ein doch sehr wesentlicher Anteil an „Show" dabei ist. Zur Hypnose zählen auch das autogene Training (Selbsthypnose), Meditation und die Hypnosetherapie. Grundsätzlich ist es bei der Hypnose so, dass du in einen Trance-Zustand geführt wirst und dir in diesem Zustand bestimmte Themen, die vorher in Form eines Hypnose-Skriptes erarbeitet wurden, suggeriert werden. Durch die Hypnose nimmt dein Unterbewusstsein diese Themen auf und du wirst dann entsprechend handeln.
Das Unterbewusstsein bewertet auch nicht, sondern nimmt einfach nur alles auf. Das Unterbewusstsein kann ein Vielfaches mehr aufnehmen und verarbeiten als das Bewusstsein. Du kannst dein Unterbewusstsein als deinen Freund ansehen, der dich in all deinen Themen unterstützt.

PRAXIS:

Geh in dich, beobachte dich ganz gezielt in deinem Alltag, um herauszufiltern, wo du negative, begrenzende Glaubenssätze in dir hast. Wenn du welche aufgespürt hast, dann wende eine der Techniken an, um diese Glaubenssätze zu korrigieren. Dabei kann dir auch, wie bei allen Themen, die Meditation eine große Hilfe sein.

Notizen:...
....
....
....
....
....
....
....
....
....
....
....
....
....
....
....
....
....
....
....
....
....
....
....

Das Opferbewusstsein

„Zu viele Menschen überschätzen das, was sie nicht sind, und unterschätzen das, was sie sind."

Malcolm Forbes

Wenn du dich in einer schwierigen Situation befindest, musst du dir bewusst machen, dass niemals die Situation das Problem ist, sondern wie du darauf reagierst. Zunächst solltest du dir klar darüber werden, dass du niemals Probleme hast, sondern nur Herausforderungen. Das Leben stellt dich immer wieder vor neue Herausforderungen und je bewusster du diese annimmst, umso besser wirst du lernen, damit umzugehen. Du kannst in jeder neuen Herausforderung eine Chance für deine persönliche Veränderung sehen und diese aktiv annehmen. Leben bedeutet Veränderung und speziell die schwierigen Herausforderungen zwingen dich oft zu Veränderungen und zeigen dir den Weg.

Die gemeisterten Herausforderungen („gelösten Probleme") sind wie Etappen auf deinem Weg zum persönlichen Erfolg zu betrachten. Jede neue Herausforderung bringt dich einen Schritt weiter. Du kannst dich über jede neue Herausforderung deines Lebens freuen, denn sie ist ein wichtiger Baustein deiner Entwicklung. Wenn eine neue Herausforderung auf dich zukommt, ist das im ersten Moment nicht immer einfach, aber je bewusster du lernst, diese Situation als einen Entwicklungsschritt für dich anzunehmen, umso besser wirst du damit umgehen und die nächste Ebene erreichen können.

Wenn du erkennst, dass du selbst dein Leben durch deine Gedanken, Gefühle, Vorstellungen und Überzeugungen steuerst, öffnen sich dir neue Türen. Du bist dann in der Lage, deine bewusste Realität zu beeinflussen. Wenn du jedoch deine Verantwortung auf andere überträgst, das Schicksal und das Leben den Umständen überlässt, gibst du deine Macht ab und bist automatisch ein Opfer. Eine wichtige Voraussetzung dafür ist, dass du dir erlaubst zu glauben, dass du dein Leben als Schöpfer bewusst gestalten kannst.

Beginne damit, dass du die volle Verantwortung für deine Wirklichkeit übernimmst, die deine Realität bestimmt. Achte bei diesem Satz genau auf die Intelligenz der Worte: Wirklichkeit ist nicht Realität - die Wirklichkeit *wirkt* und erzeugt dadurch deine Realität.

Entdecke deine Möglichkeiten als Schöpfer und geh ganz bewusst heraus aus der Opferrolle.

PRAXIS:

Betrachte in deinem Leben, wo du dich bewusst und/oder unbewusst als Opfer siehst und auch so verhältst. Wenn du so eine Situation erkennst, dann mach dir aktiv bewusst, dass du niemals ein Opfer bist, sondern ein Schöpfer. Wenn du wieder vor einer neuen Herausforderung stehst, dann frage dich (auch wenn es schwerfällt): „Was will mir das sagen, wie kann mich das weiterbringen, wo liegen die Chancen für mich verborgen?"

Notizen:...

....

....

....

....

....

....

....

....

....

....

....

....

....

....

....

....

....

....

....

Das Schöpferbewusstsein

„Man verändert nie etwas, in dem man die existierende Wirklichkeit attackiert. Um etwas zu verändern, muss man ein neues Konzept entwickeln, dass das alte überflüssig macht."

Richard Buckminster Fuller

Dein Schöpferbewusstsein hängt unmittelbar mit deinem Denken, deinem Fühlen, deinen Überzeugungen und vor allem mit deinem Glauben zusammen. Wenn du glaubst, dass du in gewissen Situationen nichts ändern kannst, dann wirst du auch erleben, dass du nichts ändern kannst. Wenn du jedoch glaubst, dass du der Schöpfer deiner Lebensumstände bist und dass du jederzeit alles ändern kannst, dann wirst du genau das erleben, weil dein Glaube dieses Denken verursacht hat.

Du kannst in deinem Leben *nicht nicht* ein Schöpfer sein. Bewusst oder unbewusst bist du an dem Akt der Schöpfung in deinem Leben beteiligt. Du kannst also *nicht nicht* Schöpfer deines Lebens sein.

Wichtig ist die Richtung deiner Aufmerksamkeit, deines Bewusstseins. Denn worauf du deine Aufmerksamkeit und dein Bewusstsein richtest, dahin fließen deine Energie und deine Schöpferkraft.

Um wirklich in deine Schöpferkraft zu kommen, brauchst du als allererstes das Bewusstsein, dass es möglich ist, der Schöpfer deines Lebens zu sein und in jedem Augenblick deines Lebens deine Realität zu schaffen. Wenn du das, wie viele, unbewusst machst, bist nicht du der Schöpfer deines Lebens und wirst dich über dein Schicksal beklagen.

Das Schöpferbewusstsein steht in krassem Gegensatz zum Opferbewusstsein. Als Schöpfer bist du kein Opfer mehr, denn du bist dir deiner Schöpferkraft bewusst. Durch das Bewusstsein für deine Schöpferkraft kommst du ins Handeln und ins Umsetzen und bist in dem Wissen, dass du der Schöpfer deines Lebens und der damit verbundenen Situationen bist. Durch dieses Wissen bist du in schwierigen Situationen deines Lebens in der Lage, diese zu meistern und gestärkt aus ihnen hervorzugehen.

PRAXIS:

Mach dir in deinem Alltag immer wieder bewusst, dass du der Schöpfer deines Lebens bist. Sei dir gewahr darüber, dass du *nicht nicht* im Sinne des Schöpfers erschaffen kannst, selbst wenn du glaubst, nichts tun zu können, erschaffst du etwas. Du bist immer und in jedem Augenblick ein Schöpfer.

Notizen:...

....

....

....

....

....

....

....

....

....

....

....

....

....

....

....

....

....

....

....

....

....

....

....

Das Gesundheitsbewusstsein

„Willst du deine Gesundheit verbessern, verbessere zuerst deine Gedanken."

Dr. Noah McKay

Die Gesundheit ist dein wichtigstes Gut und du tust gut daran, für dich zu sorgen. Die positive Nachricht: Du musst eigentlich nichts Spezielles für deine Gesundheit tun, du musst nur aufhören, deine Gesundheit durch „nicht-lebensgerechtes" Verhalten zu stören. Stress, Ärger, Rauchen, Alkoholkonsum, TV-Konsum, der Verzehr von tierischen Produkten, vergiftete Nahrungsmittel, Bewegungsmangel sind Beispiele dafür. Du tust gut daran, das im Sinne deiner bewussten Entwicklung einzustellen.

Gesundheit kannst du nicht lediglich erlangen, indem du dich gesund ernährst oder dich ausreichend bewegst. Gesundheit ist immer ein Zusammenspiel von vielen Faktoren und basiert auf Ernährung, Bewegung, Entspannung und der mentalen Einstellung.

Das Bewusstsein, dich um all diese Bereiche zu kümmern, bildet das „Gesundheitsbewusstsein". Es ist daher von essentieller Bedeutung für deine Gesundheit, dass du diese Faktoren in Bezug auf dein eigenes Leben genauer betrachtest und dich aktiv darauf einlässt.

Notizen:..
....
....
....
....
....
....
....
....
....
....
....

Ernährung

Ernähre dich „lebensgerecht" und lichtvoll. Vermeide tierische Produkte (Fleisch, Fisch, Eier, Milch und Milchprodukte). Es gibt fünf gute Gründe, warum du bewusst mit deiner Ernährung umgehen solltest:

> *Umwelt:* Massentierhaltung und alles, was damit verbunden ist, sind eine enorme Belastung für die gesamte Umwelt. Der Anbau von Futtermitteln, für den ganze Wälder gerodet werden müssen, und die verheerende CO_2 Bilanz sind nur zwei Auswirkungen von vielen.

> *Gesundheit:* In tierischen Produkten finden sich Unmengen von Antibiotika und anderen medizinischen Hilfsmitteln. Das alles in Verbindung mit den grundsätzlichen negativen gesundheitlichen Auswirkungen beim Verzehr tierischer Produkte ergeben einen giftigen Cocktail.

> *Fairness:* Fairness im Handel und allen Lebewesen gegenüber ist im Zusammenhang mit den tierischen Produkten komplett aus den Fugen geraten.

> *Tierschutz:* Alle Tiere sind beseelte und fühlende Lebewesen, die entsprechende Behandlung verdienen. Hinsichtlich der Nutztiere darf man sich auch einmal die Frage stellen, wem diese überhaupt nutzen und ob es diese Tiere in der Natur geben würde. Zum Beispiel Kühe, die jeden Tag im Jahr Milch geben mit Euter von einer Größe, die ihnen das Gehen kaum erlauben.

> *Genuss:* Pflanzliche Nahrung ist gut zubereitet der reine Genuss. Leider haben wir verlernt, wie die Zubereitung funktioniert und auch unser Geschmack hat sich in eine unnatürliche Richtung entwickelt. Wir sind zum Beispiel ganz massiv auf Zucker getrimmt und die gesunden Bitterstoffe sind fast zur Gänze verschwunden - damit verbunden auch unser Geschmack dafür in Verbindung mit der positiven Bewertung.

Es ist für dich und deine Gesundheit wichtig, dass du diese Energien der Tötung und Misshandlung von empfindsamen Lebewesen aus deinem Leben fernhältst.

Wenn du dich vegan ernährst, ist wiederum wichtig, dass du dich auch innerhalb dieser Ernährungsweise den gesunden Nahrungsmitteln zuwendest. Denn „vegan" ist nicht gleichzusetzen mit „gesund". Vegane Burger, Würste, Käse und andere industriell hergestellte Nahrungsprodukte sind nicht einer gesunden Ernährung zuzuordnen. Eine gesunde vegane Ernährung ist eine pflanzlich vollwertige Ernährung bestehend aus Obst, Gemüse, Hülsenfrüchten, Nüssen, Vollkorngetreide und Samen. Das Ganze solltest du dann noch mit Vitamin B12, Vitamin D und Algen ergänzen.

Zur veganen Ernährung gibt es eine große Anzahl an Fachliteratur und jede Menge Rezepte. Du brauchst also keinerlei Befürchtung zu haben, dass du nichts mehr essen kannst. Es gibt eine Vielzahl von alltagstauglichen Möglichkeiten, wie du dich pflanzlich vollwertig ernähren kannst und das Ganze noch sehr schmackhaft.

Ein mehr oder weniger intensives Tabuthema ist das Ausscheiden. Ebenso wichtig wie das, was wir zu uns nehmen, ist das, was wieder aus uns herauskommt und wie wir damit umgehen. So ist es von immenser Bedeutung, dass du regelmäßig deinen Dickdarm reinigst (z.B. mit einem Irigator). Wenn du auf deinem „Thron" sitzt, wäre es für den Ausscheidungsvorgang hilfreich, wenn du einen Gegenstand unter die Füße gibst, der eine Höhe von 15 – 20 cm hat. Mit der üblichen 90-Grad-Sitzposition ist der Dickdarm teilweise beeinträchtigt und kann dadurch nicht ganz entleert werden. Durch das Anheben der Füße kann das vermieden werden.

Notizen:...

....

....

....

....

....

....

....

....

....

Bewegung

Bewege dich regelmäßig und mach eine für dich stimmige und gesunde Art der Bewegung. Was bedeutet das nun konkret für dich?
Du hast, wie immer im Leben, die Wahl zwischen einer Vielzahl von Möglichkeiten, dich körperlich weiterzuentwickeln. Es ist wichtig für dich, dir eine Form der körperlichen Aktivität zu suchen, die zu dir und deinem Alltag passt. Bei der Entscheidung, welche Form der Bewegung für dich am besten geeignet ist, musst du die Aspekte der Nachhaltigkeit und Freude berücksichtigen. Diese Faktoren hängen unmittelbar mit deiner Ausgangssituation und dem Ziel, welches du körperlich verfolgst bzw. erreichen willst, zusammen. Berücksichtige bezüglich des Ziels das Kapitel „Die Kraft der Ziele".
Wenn du dich für eine Form der Bewegung entschieden hast, dann lerne die „Spielregeln". Das bedeutet, zu lernen, wie du entsprechende Übungen korrekt ausführst. Vermeide durch korrektes Trainieren Verletzungen und Überbelastungen, dein Körper gibt dir immer Signale, wenn etwas nicht stimmig ist. Hör auf deinen Körper, wenn sich etwas nicht gut anfühlt, dann ist es auch nicht gut. Versuche, deine gewählte Form der Bewegung mindestens drei Mal pro Woche für ca. eine Stunde auszuüben. Wesentlich ist dabei, dass du deinen Rhythmus findest.
Solltest du einen sitzenden Beruf haben, dann finde Möglichkeiten, dich immer wieder zwischendurch zu bewegen. Steh regelmäßig auf, benutze die Treppen statt dem Lift, arbeite zwischendurch im Stehen. Mit ein bisschen Kreativität findest du immer wieder Möglichkeiten, dich in irgendeiner Form von deinem Stuhl zu entfernen und dich zu bewegen.

Notizen:...
....
....
....
....
....
....
....
....
....

Entspannung

Du brauchst immer wieder das Wechselspiel zwischen Anspannung und Entspannung. Wenn du immer angespannt bist, werden dein Körper und dein Geist irgendwann darauf reagieren, wodurch du Gefahr läufst, gesundheitliche Schäden davonzutragen. Finde daher immer wieder Möglichkeiten, in die Entspannung zu finden und zur Ruhe zu kommen. Entspannung kann durch unterschiedliche Methoden erreicht werden. Oft genügt schon ein Spaziergang im Grünen. Das Gehen hebt die Stimmung und fördert das Konzentrationsvermögen.

Entspannungs- und Konzentrationsübungen wie Meditation, Autogenes Training und PME haben positive Effekte:

* Steigerung von Selbstvertrauen und Mut
* Verbesserung der Konzentrationsfähigkeit
* Anregung der Vorstellungskraft
* Stärkung des Immunsystems
* Steigerung der Belastbarkeit (körperlich und geistig)
* Abbauen von Anspannung
* Beheben von Schlafstörungen
* Verminderung von Stressreaktionen
* Hilfe bei psychosomatischen Beschwerden wie
* Asthma
* Hauterkrankungen
* Migräne
* Schmerzen

Die nachfolgenden Erläuterungen zu Meditation, Autogenem Training und PME sollen dir einen kurzen Einblick in die Themen geben. Nimm diese Einführung für dich als Anreiz, um die Schwerpunkte für dich persönlich weiter zu vertiefen.

Notizen:..
....
....
....

Meditation

> *„ Wir sollten die Meditation sanft, aber stetig üben,*
> *im gesamten Alltag, und uns keine Gelegenheit,*
> *keine Ereignisse entgehen lassen,*
> *um tief in die wahre Natur des Lebens zu blicken,*
> *zu dem auch unsere tagtäglichen Probleme gehören.*
> *Wenn wir so üben,*
> *bleiben wir mit dem Leben in enger, tiefer Verbindung. "*

Thich Nhat Hanh

Die gute Nachricht für dich: Du musst nicht wie buddhistische Mönche stundenlang sitzen und dabei an „nichts" denken. Das passt nicht zu uns und lässt sich auch nicht in unseren Alltag integrieren. In unbequemer Haltung auf dem Boden auszuharren, ist also nicht notwendig, um deinen Geist zu beruhigen.

Die Meditation hat mittlerweile einen festen Platz in unserer westlich zivilisierten Welt gefunden, zum Beispiel als ein „Innehalten der Gedanken" oder als „Achtsamkeitstraining". Darüber hinaus wird die Meditation in westlichen Ländern oft als Entspannungsmethode, zur Stressbewältigung und zur Unterstützung des allgemeinen Wohlbefindens praktiziert. Dabei kann sie völlig frei von Religion betrachtet und ausgeübt werden.

In der täglichen Praxis solltest du mit einfach geführten Meditationen beginnen und dann zu stillen Meditationen übergehen. Am besten suchst du dir in deiner Wohnung einen für dich schönen Platz, an dem du das Meditieren zu deinem Ritual machst. Beginne zunächst mit kurzen Meditationen von ca. fünf Minuten und steigere sie dann stufenweise auf ca. 15 Minuten usw. Wenn du das zu deinem täglichen Ritual machst, wirst du erstaunliche Veränderungen in deinem Leben wahrnehmen und erreichen.

Notizen:...
....
....
....
....
....
....

Autogenes Training

Autogenes Training ist ein Entspannungsverfahren, bei dem du durch selbst wiederholte Suggestionen ein seelisches und körperliches Wohlbefinden erzeugst. Das hat Einfluss auf die Organfunktionen, was zu einer Beruhigung des vegetativen Nervensystems führt. Körperlich wird das als „entspannter Zustand" wahrgenommen, da hierbei das unwillkürliche Nervensystem angesprochen wird.

Das Autogene Training wird daher auch als eine Form der Selbsthypnose bezeichnet. Über die gezielten, sich immer wiederholenden Autosuggestionen wird das Unterbewusstsein angesprochen, welches wiederum das vegetative Nervensystem anspricht. Die somit erzielte innere Ruhe und Entspannung eignet sich ausgezeichnet für Stressregulation und Stressabbau. Darum findet das Autogene Training seinen Einsatz auch bei Burnout-Behandlungen und der Prävention.

Autogenes Training solltest du in einem Kurs erlernen, um es dann alleine, für dich, anwenden zu können.

Notizen:...
....
....
....
....
....
....
....
....
....
....
....
....
....
....
....
....

PME

Die Progressive Muskelentspannung (PME) bzw. Progressive Muskelrelaxation (PMR) bietet dir, wenn du noch keine Vorerfahrung mit Entspannungsverfahren hast, einen guten Einstieg, da es sich hierbei um eine Entspannungsmethode handelt, die an der Muskulatur ansetzt. Durch die vorangegangene, beabsichtigte Anspannung der Muskeln kann die eintretende Entspannung wesentlich intensiver wahrgenommen werden als dies ohne eine vorherige Anspannung möglich wäre.

„Progressiv" bedeutet, dass die Entspannung immer mehr zunimmt, also fortschreitet.

Du erfährst das Gefühl der Schwere oder Wärme häufig schon bei der ersten Übungseinheit als „Nebeneffekt" von An- und Entspannung deiner Muskulatur. Da es sich dabei um dieselben Empfindungen handelt, die beim Autogenen Training durch Autosuggestion gezielt hervorgerufen werden sollen, ist es sinnvoll, diese Vorerfahrung zu nutzen.

Wenn für dich das Thema PME spannend ist, dann empfehle ich dir, einen Kurs zu belegen, um das Thema zu vertiefen.

Notizen:..
....
....
....
....
....
....
....
....
....
....
....
....
....

Atmung

Wir atmen pro Tag etwa 17.280 bis 21.600 Mal ein und aus. Heruntergebrochen sind das 720 bis 950 Atemzüge in der Stunde und zwölf bis 15 Atemzüge in der Minute.

Dabei ist es für uns sehr praktisch, dass wir das Atmen nicht immer bewusst ausführen müssen, durch die Intelligenz unseres Körpers passiert das ganz automatisch. Wir „werden geatmet" sozusagen. Mit dem Atem nehmen wir nicht nur Sauerstoff auf und geben Kohlendioxid ab - wir atmen auch Lebensenergie ein. Diese Lebensenergie hat in verschiedenen Kulturen unterschiedliche Bezeichnungen wie Chi, Prana, Ki. Durch bewusstes Atmen können wir sowohl unseren Körper als auch unseren Geist beeinflussen. Wir erhöhen unseren Energielevel und schärfen die Wahrnehmung. Bewusstes Atmen bringt dich in den Zustand der Entspannung. Das Richten der Aufmerksamkeit auf den Atem bringt dich automatisch ins Hier und Jetzt, denn Atmen kannst du nur jetzt, du kannst weder in die Vergangenheit noch in die Zukunft atmen. Das bewusste Wahrnehmen des Atems wirkt sich positiv auf das Nervensystem aus.

Dass das Atmen auf den Geist wirkt, geht allein aus der Sprache hervor. Im Lateinischen heißt „spirare" „atmen" und „Spiritus" „Geist". Diesen Wortstamm findest du im Begriff „Inspiration" wieder. „Inspiration" bedeutet „einhauchen" und ist daher eng mit dem Atmen verbunden. Im Griechischen heißt „Psyche" sowohl „Hauch" als auch „Seele". Die Inder sagen „Atman" zum Atem, da ist unschwer die Verwandtschaft zum deutschen „Atmen" zu erkennen. Im Indischen zum Beispiel wird ein Mensch, der die „Vollendung" erreicht hat, „Mahatma" genannt, was wörtlich sowohl „große Seele" als auch „großer Atem" bedeutet.

Atmen ist:

- Spannung – Entspannung
- Nehmen – Geben
- Kontakt – Abwehr
- Freiheit – Beengung

„In unserer Atmung spiegelt sich unsere Gemütsverfassung: Ist der Geist friedvoll und ruhig, wird der Atem sanft und regelmäßig sein; stellt aber irgendetwas Negatives sich ein, sei es Zorn, Hass, Furcht oder Leidenschaft, wird der Atem rau, schwer und schnell.

So macht unser Atem uns auf unseren Gemütszustand aufmerksam und schafft einen Ansatzpunkt, von dem aus wir ihn beeinflussen können."

Berchold/Chöziz, Ein Mann namens Budda

PRAXIS:

Mach dir einen Plan für deinen Alltag, wie du ganz bewusst eine gesunde Lebensweise integrieren kannst. Beginne mit der Bewegung: „Wann hast du Zeit, dich körperlich zu betätigen und was kannst du machen? Was macht dir Spaß?" Überlege dir dann, wie du stufenweise deine Ernährung umstellen kannst. Integriere ganz konkrete Entspannungsmomente, Entspannungsübungen in deinen Alltag. Richte deine Aufmerksamkeit immer wieder ganz bewusst auf deinen Atem und übe täglich ein paar Minuten stille Meditation.

Notizen:..
....
....
....
....
....
....
....
....
....
....
....
....
....
....

Mentale Einstellung

„Nicht das Hinfallen ist schlimm, sondern es ist schlimm, wenn man dort liegen bleibt wo man hingefallen ist"

Sokrates

Das Gesundheitsbewusstsein ist eng verknüpft mit deiner mentalen Einstellung. Der Körper existiert nicht für sich alleine und du *bist* auch nicht dein Körper, du *hast* einen Körper. Deine Gesundheit ist ein Zusammenwirken der geistigen Ebene und der Seele, die in deinem Körper wohnt. Betrachte daher deinen Körper als den Tempel deiner Seele.

Deine mentale Einstellung bestimmt dein gedankliches (geistiges) Handeln. Sie bestimmt, wie du handelst, wie du dich in bestimmten Situationen verhältst. Es geht im weitesten Sinne auch um deine Wahrnehmung, dein Denken, deine Gefühle, dein Verhalten und dein Gedächtnis. Dabei steht der bewusste Umgang mit Umweltreizen, Gedanken und Gefühlen im Vordergrund. Viele Herausforderungen, Blockaden und unangenehme Situationen können sich lösen, wenn die Ursachen bewusst wahrgenommen werden.

Durch positive mentale Einstellungen sind Leistungssteigerungen, die Verbesserung der Informationsverarbeitung, die Steigerung der Lebensqualität, Verhaltensoptimierung sowie der positive Einfluss auf das seelische Gleichgewicht möglich.

Mithilfe von gezieltem mentalen Training trainierst du deinen Geist, deine Vorstellungskraft, deine Willensstärke. Bei einem klassischen Mentaltraining führst du in Gedanken das aus, was du später real umsetzen möchtest.

Wenn du beispielsweise ein Chirurg bist, gehst du in Gedanken eine schwierige Operation durch, als Pilot entsinnst du dich eines schwierigen Landeanflugs, bevor du ihn durchführst, als Rennfahrer fährst du den Kurs vor einem Rennen noch einmal gedanklich ab. Beim Mentaltraining hast du die Möglichkeit, gefahrlos an deine Grenzen zu gehen, eine optimal verlaufende Operation zu gewährleisten, den idealen Landeanflug durchzuführen, die Ideallinie für dein Rennen zu finden. Diese Imagination muss jedoch immer im positiven Sinne stattfinden. Dabei darf nie jemand zu Schaden kommen oder verdrängt werden, denn solche Gedanken kommen als Schatten wieder zu dir zurück. Du bist zum Beispiel Rennfahrer und stellst dir vor, wie du im Ziel auf dem Stockerl, auf dem ersten Platz mit deinem Pokal stehst und die anderen besiegt hast. Das ist eine negative Assoziation und wird dir letztlich nicht dienlich sein.

In schwierigen Situationen in deinem Leben ist das Problem (besser: die Herausforderung!) nicht die Situation als solche, sondern deine mentale Einstellung zur Situation. Die Situation selbst ist neutral, sie ist einfach, du aber hast die Möglichkeit der Wahl, wie du mit der Situation umgehst bzw. wie du auf sie reagierst.

PRAXIS:

Implementiere das mentale Training in deinen Alltag. Wenn du Situationen begegnest, in denen du es anwenden kannst, dann wiederhole den Vorgang in der Imagination mithilfe deiner Vorstellungskraft immer wieder. Trainieren bedeutet, dass du denselben Vorgang wieder und wieder machst, bis es für dich perfekt ist.

Notizen:..
....
....
....
....
....
....
....
....
....
....
....
....
....
....
....
....
....

Die hermetischen Prinzipien

„Die Lippen der Weisheit sind verschlossen, ausgenommen für die Ohren des Verstehens"

Kybalion

Das Thema der hermetischen Prinzipien wird oft der Esoterik (dem inneren Bereich zugehörig) zugeordnet. Da das Thema jedoch, aus meiner Sicht, von immensem Wert für deinen Alltag ist und auch sehr viel praktisch anwendbare Aspekte beinhaltet, erscheint es mir wichtig, dass du dich mit dem Thema auseinandersetzt und einen offenen Geist dafür hast. Die hermetischen Prinzipien sind tausende Jahre alt und bestimmen unser Leben noch heute. Im Rahmen dieses Buches ist es mir nicht möglich und auch nicht das Ziel, ganz detailliert auf die Gesetze einzugehen, aber es ist mir ein Anliegen, dir die grundlegenden praktischen Informationen mitzugeben und deinen Geist dafür zu öffnen.

Die hermetischen Prinzipien sind:

1. Mentalität

2. Entsprechung

3. Schwingung

4. Polarität

5. Rhythmus

6. Ursache und Wirkung

7. Geschlecht

Das Prinzip der Mentalität

„Das Universum ist mental"

Kybalion

Bei diesem Prinzip geht es darum, dass alles geistigen Ursprungs ist. Alles entspringt einem Gedanken. Alles, was du in deinem Leben wahrnehmen kannst, ist aus einem Gedanken entstanden und tut dies auch weiterhin. Die Schuhe, die du anhast, der Stuhl, auf dem du sitzt, das Bett, in dem du liegst, all das ist aus Gedanken entsprungen. Die Dinge (Materie) entstehen nicht von selbst bzw. aus sich selbst heraus, es ist immer vorher ein Gedanke da (siehe auch Kapitel: „Dein Denken bestimmt dein Leben"), der dann die Dinge durch das Tun (siehe auch Kapitel: „Dein Handeln und dein Tun") entstehen lässt.

Das Prinzip der Entsprechung

„Wie oben so unten, wie unten, so oben"

Kybalion

Was auf der mentalen Ebene entstanden ist, sucht seine Verwirklichung auf materieller Ebene. Alles sucht und findet seine Entsprechung: Wenn du ein bestimmtes Samenkorn aussäst, wird nur die ausgesäte Pflanze entstehen und sich im entsprechenden Nährboden entfalten. Ist dieser Nährboden jedoch vergiftet, wird sich nichts entsprechend entwickeln und entfalten können. In deinem Leben können solche Vergiftungen zum Beispiel schlechte Gedanken, Ängste, Neid sein. Beachte daher in deinem Alltag dieses so wesentliche Prinzip, denn was du säst, wirst du ernten.
Das Prinzip der Entsprechung besagt auch: „Wie außen, so innen und umgekehrt". Das bedeutet, du musst bei dir etwas ändern, wenn du deine Lebensumstände im Außen ändern willst. Dieser Umstand verbindet dieses Prinzip mit dem „Prinzip von Ursache und Wirkung". Wenn du in deiner Beziehung nicht zufrieden bist und dir einen harmonischen Partner wünschst, dann musst du bei dir anfangen, harmonisch zu sein - dein Partner wird dann nachziehen.

Das Prinzip der Schwingung

„Nichts ruht; alles bewegt sich; alles schwingt"

Kybalion

Ob es dein Geist ist oder die Materie, alles ist immer in Bewegung und alles schwingt. Wenngleich es unterschiedliche Grade der Schwingung gibt, so dass manches so schnell schwingt, dass es zu ruhen scheint und anderes wieder so langsam, dass es ebenfalls den Anschein von Ruhe erweckt.

Wasser schwingt anders als Wein, unterschiedliche Wasserqualitäten schwingen in unterschiedlichen Frequenzen.

Das Prinzip der Schwingung bedeutet folglich auch, dass aufgrund der immerwährenden Bewegung alles veränderbar ist, nicht nur im Materiellen, sondern auch im körperlich-geistigen Sinne. Alle Situationen, Krankheiten, Gemütszustände usw. sind somit veränderbar.

Du kannst dich auch selbst fragen: „Wie schwinge ich und wie muss ich meine „Schwingung" verändern, um meine Situation entsprechend zu ändern?"

Das Prinzip der Polarität

„Alles ist zweifach; alles hat Pole; alles hat seine zwei Gegensätze; Gleich und ungleich sind dasselbe; Gegensätze sind ihrer Natur nach identisch, nur im Grad verschieden; Extreme begegnen einander; alle Wahrheiten sind nur Halbwahrheiten, alle Paradoxe können in Übereinstimmung gebracht werden"

Kybalion

Das Polaritätsgesetz bildet die Grundlage der hermetischen Philosophie. Dieses Prinzip erklärt, dass alles im Leben zwei Pole hat, die entgegengesetzt sind. Diese Gegensätze jedoch sind ein- und dasselbe, nur mit unterschiedlichen Graden (Schwingungen). Das bedeutet, dass zum Beispiel Hitze und Kälte dasselbe sind, jedoch mit unterschiedlichem Grad, genauso verhält es sich mit Gesundheit und Krankheit. Das heißt, dass Krankheit die Abwesenheit von Gesundheit ist und umgekehrt. Es gilt im Leben immer, beide Pole zu beachten, denn der eine kann nicht ohne den anderen existieren, sie bedingen und erklären einander. Kein Schatten ohne Licht, kein Hart ohne Weich, kein Gut ohne Böse usw.. Alles, was wir in unserem Leben wahrnehmen können, erscheint in Gegensätzen. Wenn es die Gegensätze auf unserer Existenzebene nicht gibt, ist es für uns nicht wahrnehmbar. Daher sind beide Pole in unserem Leben zu beachten und bilden letztlich eine Einheit (die Einheit ist der zwangsläufige Gegenpol zur Polarität), deshalb ist der Ansatz mit dem „positiven Denken" nur dann richtig, wenn man das Negative nicht ignoriert und verdrängt. Das Negative will und muss ebenso beachtet und entsprechend verarbeitet werden, da ansonsten die Gefahr besteht, dass es dich irgendwann überrollt.

Wenn du dich näher mit dem Prinzip der Polarität auseinandersetzt und es verstanden hast, wirst du erkennen, dass du ein Ziel immer nur über den Gegenpol erreichen kannst. Im Sport wird zum Beispiel ein Tennisspieler vor seinem Aufschlag immer in die entgegengesetzte Richtung ausholen, um dann in die gewünschte Richtung zu schlagen. So kannst du das für alles im Leben übersetzen.

Das Prinzip des Rhythmus

„Alles fließt aus und ein, alles hat seine Gezeiten, alle Dinge steigen und fallen, das Schwingen des Pendels zeigt sich in allem. Das Maß des Schwunges nach rechts ist das Maß des Schwunges nach links, Rhythmus kompensiert."

Kybalion

Aus der Erfahrung der Polarität erfolgt durch den ständigen Wechsel der gegensätzlichen Pole der Rhythmus und damit das Gesetz des Rhythmus. Die dem Menschen am nächsten liegende Erfahrung der Polarität ist das Atmen. Einatmen und Ausatmen sind gegensätzliche Pole und das sich Abwechseln des Einatmens und Ausatmens ergibt den Rhythmus des Atmens. Daraus folgt, dass der Rhythmus die Basis unseres Lebens ist, zerstörst du den Rhythmus, zerstörst du das Leben.

Es gibt immer eine Aktion und eine Reaktion, einen Rückschritt und einen Fortschritt, einen Hoch- und einen Tiefpunkt. Unser tägliches Leben wird durch unterschiedlichste Rhythmen bestimmt. Tagesrhythmen, Wochen- und Monatsrhythmen, Sterne und Planeten bestimmen unseren Rhythmus, unsere Atmung folgt einem Rhythmus. Es ist sehr wesentlich, sich der unterschiedlichen Rhythmen bewusst zu sein, denn auch unser Leben folgt einem Rhythmus und je mehr du dich mit der Tatsache der Rhythmen beschäftigst, umso bewusster kannst du damit umgehen. Du wirst im Laufe deines Lebens manchmal oben sein, dann wieder unten, nichts geht nur in eine Richtung. Es ist immer ein Zusammenspiel von Schwingung, Polarität und Rhythmus, alles ist in Bewegung. Wenn du dir dieses Gesetzes bewusst bist, dann gibt dir das Sicherheit und Gewissheit. Dir ist nämlich bewusst, dass nach einem Tief unweigerlich wieder das Hoch kommen muss.

Für dich ist im Sinne dieses Gesetzes wichtig, deinen ganz persönlichen Rhythmus im Leben zu finden und nach diesem zu leben.

Das Prinzip von Ursache und Wirkung

„Jede Ursache hat ihre Wirkung, jede Wirkung ihre Ursache, alles geschieht gesetzmäßig, Zufall ist nur der Name für ein uns unbekanntes Gesetz. Es gibt viele Ebenen der Ursächlichkeit, aber nichts entgeht dem Gesetz."

Kybalion

Dieses Prinzip beinhaltet die Tatsache, dass es eine Ursache für jede Wirkung gibt und eine Wirkung zu jeder Ursache. Es erklärt: „Alles geschieht gemäß dem Gesetz. Nichts geschieht ohne Grund." Außerdem beinhaltet es, dass der Zufall nicht existiert und dass, da es verschiedene Ebenen von Ursache und Wirkung gibt, von denen die jeweils höhere Ebene die jeweils niedrigere Ebene bestimmt, nichts gänzlich dem Gesetz entgehen kann.

Erst wenn du in die Tiefe gehst und die Ursache ergründest, kannst du diese ändern und so die Auswirkung entsprechend beeinflussen. Wenn du zum Beispiel körperliche Auswirkungen in Form von Kopfschmerzen verspürst, kannst du eine Schmerztablette nehmen und der Schmerz verschwindet für einen bestimmten Zeitraum. Der Kopfschmerz ist jedoch nur eine Auswirkung, daher änderst du mit der Schmerztablette nichts an der Situation, sondern du arbeitest lediglich an den Symptomen. Wenn du jedoch in die Tiefe gehst und die Ursache, die ursprüngliche Sache, findest und diese änderst, dann veränderst du auch die Auswirkung. Dieses Beispiel ist für alle Situationen im Leben repräsentativ. Du musst den Dingen hartnäckig auf den Grund gehen.

Das Prinzip des Geschlechts

„Geschlecht ist in allem, alles hat männliche und weibliche Prinzipien, Geschlecht offenbart sich auf allen Ebenen."

Kybalion

Jede Sache, jedes Individuum enthält beide Elemente, das maskuline und das feminine, oder das große Prinzip selbst. Zu jedem maskulinen Element gehört ein feminines Element - das feminine Prinzip enthält immer das maskuline Prinzip.
Das Männliche repräsentiert das Gebende, während das Weibliche das Empfangende ist. Beide sind immer notwendig, das Eine kann ohne das Andere nicht auskommen, sie bedingen einander.

PRAXIS

Jetzt kennst du die sieben hermetischen Gesetze: Mach dir die hermetischen Gesetze bewusst und entwickle ein Verständnis für diese Jahrtausende alten Gesetze des Lebens. Sei dir bewusst, dass diese Gesetze immer wirken, ob du es glauben magst oder nicht. Wenn du dich ihrer bewusst bist, kannst du sie zu deinem Nutzen einsetzen.
Mach es dir zur Gewohnheit, die hermetischen Gesetze in deinem Rhythmus immer wieder zu lesen und sich ihrer bewusst zu werden.

Notizen:..
....
....
....
....
....
....
....
....
....
....
....
....
....
....
....
....
....
....
....

Die 12 Lebensprinzipien

„Lebe dein Leben auf alle möglichen Arten - gut-schlecht, bitter-süß, dunkel-hell, Sommer-Winter. Lebe alle Dualitäten. Habe keine Angst Erfahrungen zu machen, denn umso mehr Erfahrung du hast, umso reifer wirst du werden".

Osho

Es sind **12 Lebensprinzipien**, die dir die psychologische Astrologie zur Verfügung stellt. Zwölf Prinzipien, die dir die Zusammenhänge des Lebens aufzeigen und dir Auskunft geben darüber, ...

... was dich antreibt.	1. Prinzip - Widder
... was für dich von Wert ist.	2. Prinzip - Stier
... worüber du dir Gedanken machst.	3. Prinzip - Zwilling
... wo deine Bedürfnisse liegen.	4. Prinzip - Krebs
... wofür dein Herz schlägt.	5. Prinzip - Löwe
... wie du mit Arbeit und Alltag umgehst.	6. Prinzip - Jungfrau
... wie du anderen begegnest.	7. Prinzip - Waage
... was dich fasziniert.	8. Prinzip - Skorpion
... wie du dich entfalten kannst.	9. Prinzip - Schütze
... wo du Struktur und Halt brauchst.	10. Prinzip - Steinbock
... welche Freiheiten du dir zugestehst.	11. Prinzip - Wassermann
... welche Träume du hast.	12. Prinzip - Fisch

1. Prinzip - Widder	Mars	Aggression und Aufbruch
2. Prinzip - Stier	Venus	Selbstwert, Verwurzelung, Sinnesfreude
3. Prinzip - Zwilling	Merkur	Kommunikation und Austausch
4. Prinzip - Krebs	Mond	Empfindung ,Gefühl, Geborgenheit, Rhythmus
5. Prinzip - Löwe	Sonne	Kreativität, Ausstrahlung, Mitte
6. Prinzip - Jungfrau	Merkur	Ordnung, Vernunft
7. Prinzip - Waage	Venus	Harmonie, Partnerschaft, Ästhetik
8. Prinzip - Skorpion	Pluto	Radikale Wandlungsfähigkeit
9. Prinzip - Schütze	Jupiter	Wachstum und Sinnfindung
10. Prinzip - Steinbock	Saturn	Struktur, Konzentration auf das Wesentliche
11. Prinzip - Wassermann	Uranus	Freiheit, Unabhängigkeit und Originalität
12. Prinzip - Fisch	Neptun	Grenzüberschreitung, Auflösung des Sichtbaren

So entspricht jedes der 12 Prinzipien einem Lebensbereich. Willst du dein Leben in Balance halten, solltest du dir der 12 Lebensprinzipien bewusst sein und versuchen, sie in dein tägliches Handeln zu integrieren.

Es geht bei den 12 Lebensprinzipien um die „psychologische Astrologie", dabei kannst du dir die Fragen stellen:

- Wofür nutze ich meine Energie?
- Achte ich auf meine Bedürfnisse?
- Kenne ich meine Grenzen?

Die psychologische Astrologie betrachtet das Horoskop als Abbild der individuellen seelischen Anlagen. Es gibt Auskunft über deine psychischen Grundlagen, die dein tägliches Handeln formen.

Dein Horoskop ist der Schlüssel dafür, wie du die Welt wahrnimmst (innere Bilder). Es symbolisiert deine Perspektive, deinen ganz individuellen Blick aufs Leben. Eine Horoskop-Interpretation zielt somit darauf ab, den Blick zu schärfen und die Chance zu ergreifen, das Leben gemäß den eigenen Potenzialen zu gestalten.

Die Astrologie ist nicht der Glaube daran, dass die Menschen durch die Gestirne beeinflusst werden. Die Geburtsastrologie bezieht ein Horoskop auf den Augenblick der Geburt und basiert auf deinem ersten Atemzug. Deshalb ist es von Wichtigkeit, dass bei der Erstellung des Geburtshoroskops der Zeitpunkt der Geburt exakt ist. Dein Geburtshoroskop hat drei Gültigkeitsbereiche:

- Deine Charakter- oder Persönlichkeitsstruktur
- Dein Schicksalsweg
- Dein Geburtsereignis

PRAXIS:

Lass dir dein Horoskop erstellen. Mach dich mit den 12 Lebensprinzipien vertraut und prüfe, wie du sie in dein Leben integrieren kannst.

Sei dir dabei bewusst, dass das nur EIN Puzzleteil in deinem Leben ist und von der Exaktheit deiner Daten (Geburtszeit) und der astrologischen Deutung abhängt. Es gibt dir jedoch einen Hinweis und ist ein wichtiger Baustein in deiner Weiterentwicklung und Entfaltung.

Notizen:..

....

....

....

Die drei wichtigen Lebensgesetze

*„Alle Gesetze sind Versuche, sich den Absichten der moralischen
Weltordnung im Welt- und Lebenslaufe zu nähern."*

Goethe

Die Lebensgesetze oder Spielregeln des Lebens verschließen sich den
allermeisten Menschen, denn sie werden weder in der Schule noch auf der
Universität gelehrt. Durch geschicktes Marketing ist es jedoch den Autoren
von „The Secret" (Ein Roman von Ronda Byrne und Paul Harrington zum
Thema „Positiv Denken" und „Kraft der Resonanz bzw. Anziehung")
gelungen, zumindest eines der Lebensgesetze weltweit in Umlauf zu
bringen und bekannt zu machen. Es handelt sich dabei um das Gesetz der
Anziehung. Dabei wird aber außer Acht gelassen, dass es noch weitere
Gesetze gibt, die zu berücksichtigen sind. Das Thema der Anziehung, wie in
„The Secret" beschrieben, kann grundsätzlich funktionieren, jedoch nur
kurzfristig, da dich die Folgen der Missachtung der anderen Gesetze
einholen können und werden. Die wichtigsten Lebensgesetze, die neben
dem Gesetz der Anziehung zu beachten sind, sind „Das Gesetz der
Polarität" und „Das Gesetz des Anfangs".

Das Gesetz des Anfangs

Dieses Gesetz besagt, dass alles im Anfang liegt. Der erste Eindruck bei
einem Menschen, den du triffst, ist meistens stimmig. So, wie etwas
beginnt, wird es auch später sein.
So, wie du deinen Tag beginnst, wird er dann auch werden. Wenn du in
deinen Tag startest, dann beginne ihn so, wie du ihn erleben willst.
So, wie du in ein neues Jahr startest, wird es dann auch werden. Das ist
mitunter auch der Grund, warum du das neue Jahr feiern und entsprechend
begrüßen solltest.
Auch bei jedem deiner Geburtstage kannst du ganz bewusst einen
Neuanfang starten.
Das Gesetz des Anfangs ist bezeichnend, wenn von der „Liebe auf den
ersten Blick" die Rede ist.

*„Und in jedem Anfang wohnt ein Zauber inne. Der uns beschützt und der
uns hilft zu leben."*

Hermann Hesse

Das Gesetz der Resonanz

Dieses Gesetz ist das bekannteste, denn das ist das Gesetz, mit dem du dir gemäß „The Secret" deine Wünsche erfüllen kannst. Dieses Gesetz besagt, dass du das wahrnimmst und in dein Leben ziehst, womit du in Resonanz bist. Wenn du also Positives ausstrahlst, wirst du Positives anziehen. Das, was du aussäst, wirst du ernten.

Du solltest dir darüber im Klaren sein, dass ein Wunsch immer auch mit Mangelbewusstsein verbunden ist. Denn wenn du dir beispielsweise mehr Geld wünschst, bringst du damit ganz deutlich zum Ausdruck, dass du unter Geldmangel leidest.

Angenommen, du wünschst dir einen idealen Partner. Sagst du dir in dem Fall selbst: „Es wäre toll, den idealen Partner zu haben!", dann ist es dir bereits gelungen, das zu verhindern, denn du bist in den Mangel gegangen. Du hast ausgedrückt, dass du keinen idealen Partner hast, aber es schön wäre, einen zu haben. In diesem Fall ist es zunächst einmal wichtig, dass du selbst ein idealer Partner bist, denn auch der Partner, den du suchst, will einen idealen Partner haben. Dadurch machst du es erst einmal möglich, dem idealen Partner zu begegnen und auch mit ihm zusammenzukommen. Dadurch dass du der ideale Partner bist, hast du erst einmal die Voraussetzung dafür geschaffen, du hast die Saat ausgebracht. Als nächsten Schritt darfst du dir die Zielerreichung vorstellen, gedanklich erleben, wie der Erfolg schon erfolgt ist. Verbinde das Erleben des Erfolges mit einem starken Gefühl (Freude, Erleichterung, Dankbarkeit). Speziell die Dankbarkeit ist dabei wichtig, denn sie verursacht das, wofür du dankbar bist. Bleibe dann immer in dem starken Gefühl, dass du das Ziel erreicht hast.

Das ist im Prinzip so eine Blaupause, wie das Prinzip der Resonanz arbeitet. Du kannst dir natürlich auch, wie in „The Secret" beschrieben, einen von dir bevorzugten Parkplatz wünschen, das wird vermutlich funktionieren. Du musst dir dabei jedoch bewusst sein, dass du diesen Parkplatz jemand anderem wegnimmst und so das Polaritätsgesetz mit im Spiel ist. Du erlangst dann zwar kurzfristig deinen Erfolg, es werden aber auch die Schattenseiten auf dich zukommen. Ebenso ist es im Sport: Du kannst dir den Platz am obersten Treppchen des Siegerpodestes wünschen und ihn visualisieren. In diesem Fall verdrängst du aber deinen Kontrahenten vom Stockerl und wünschst ihm nichts Gutes. Auch hier wird das Gesetz der Polarität dabei sein, der Schatten wird dich einholen.

Das Gesetz der Resonanz kannst du auch ganz gut bei Demonstrationen beobachten. Wenn du Demonstrationen siehst, bei denen es „gegen" etwas geht, dann wirst du feststellen, dass diese noch nie etwas bewirkt haben und auch nie etwas bewirken werden. Hier arbeitet das Gesetz der Anziehung ganz aktiv, denn wenn du gegen etwas ankämpfst, ziehst du genau das in dein Leben. Wenn du gegen Krieg demonstrierst, beinhaltet schon das Wort „gegen" etwas von Gewalt und das Wort „Krieg" noch mehr. Statt „gegen den Krieg" zu demonstrieren, wäre es viel besser und wirksamer, „für Frieden" zu sein. Das hat eine ganz andere Energie und Anziehungskraft.

„Wir schaffen uns leid, wenn wir immer alles anders haben wollen, als es ist."

Thich Nhat Hanh

Das Gesetz der Polarität

Das Gesetz der Polarität gehört zu unserem täglichen Leben. Die zwei Gegenpole sind immer aktiv und wirksam. Dort, wo Licht ist, findest du auch immer Schatten. Die Polarität ist ein wichtiges und ständig wirksames Gesetz für unser Gehirn. Du kannst dir nichts „Kleines" vorstellen, wenn du nicht den Vergleich mit etwas „Großem" hast, kein „Hoch" ohne „Tief" und kein „Gut" ohne „Böse". Auch auf körperlicher Ebene findest du die Gegenpole in deiner Atmung: „Ein" und „Aus". So findest du in all deinen Lebensbereichen die Gegenpole. Nichts im Leben existiert ohne den Gegenpol. So hat auch das Weibliche das Männliche als Gegenpol und in jedem ist das Andere jeweils enthalten. Das drückt sich ebenfalls ganz deutlich im Yin + Yang Symbol aus.

C.G. Jung: Beide Seiten der Polarität bedürfen einander und sind nur zusammen ganz und eins. Wann und wo auch immer wir nur einen Teil betonen, wächst der andere als Schatten mit. Da wir das meist gar nicht bemerken, sprechen wir dann von der unbewussten, geheimen Seite oder eben von der sogenannten Schattenseite.
Im täglichen Leben bedeutet das für dich, dass du dir immer im Klaren darüber sein musst, dass es zum Beispiel kein positives Denken ohne das

negative Denken gibt. In jedem Paradies gibt es eine Schlange. Das heißt jedoch nicht, dass du nicht positiv denken sollst oder dir nicht ein Paradies erschaffen sollst. Du sollst dir nur bewusst sein darüber, dass auch die Schattenseite integriert werden muss, denn sonst wird dich der Schatten mit dramatischen Folgen einholen und sich bemerkbar machen. Das soll für dich nicht bedeuten, dass du nichts Positives mehr tun solltest, ganz im Gegenteil. Du sollst weiterhin das Positive, Gute tun, dir nur bewusst sein darüber, dass es immer einen Gegenpol gibt, damit dein positives Tun nicht ins Gegenteil umschlägt. Wenn du zum Beispiel etwas spendest, dann achte zunächst nur auf dich: „Was sind deine Motive? Tust du das Gute aus Eigennutz, um dich selbst vor etwas zu schützen, um bemerkt zu werden?" Hinterfrage deine Handlungen und Situationen in Hinblick auf die mögliche Schattenseite.

PRAXIS:

Überprüfe immer wieder in deinem Alltag, wo und wie diese drei Gesetze, die einen Teil der hermetischen Prinzipien sind, wirken und für dich erkennbar werden. Sei dir auch bewusst, dass diese Gesetze, ebenso wie die hermetischen Prinzipien, immer wirken.
Integriere das Gewahrsein für diese Gesetze und Prinzipien in deine Meditationen.

Notizen:..
....
....
....
....
....
....
....
....
....
....

Die Chakren, deine Energiezentren

Die Chakren sind entlang der Wirbelsäule angeordnete Energiezentren. Jedes einzelne Energiezentrum hat eine eigene Bedeutung, Qualität und Ausrichtung. Jedes dieser Chakren besitzt einen Namen, einen Ort, eine Farbe, einen Planeten, Tierkreiszeichen, eine Tugend und vieles mehr.

Für dein Leben bedeutet das, dass du zahlreiche Hilfsmittel hast, um ganz bestimmte Themen deines Lebens energetisch zu betrachten und zu behandeln.

Die nachfolgende Übersicht gibt dir Hinweise, worauf du deine Aufmerksamkeit entsprechend deiner persönlichen Themen lenken kannst. Im Rahmen von konzentrativen Meditationen kannst du deine Themen annehmen und behandeln.

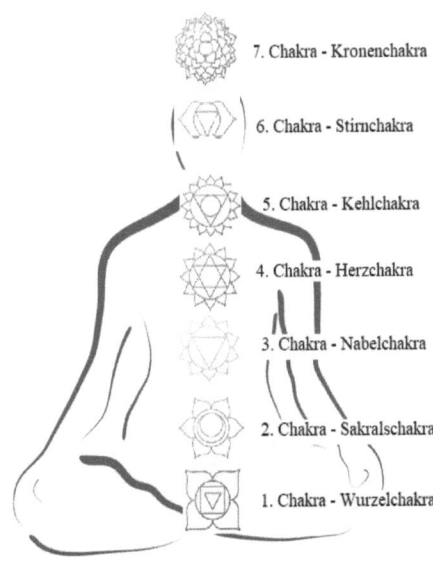

7. Chakra - Kronenchakra

6. Chakra - Stirnchakra

5. Chakra - Kehlchakra

4. Chakra - Herzchakra

3. Chakra - Nabelchakra

2. Chakra - Sakralschakra

1. Chakra - Wurzelchakra

1. Chakra oder Wurzelchakra

Bedeutung: Erdung, Gleichgewicht, Lebenskraft, Willenskraft, Stabilität, Mut, Durchsetzungskraft;
Blockade: Ängste, Depressionen, Misstrauen, Wutanfälle, mangelndes Selbstbewusstsein, Kraftlosigkeit;
Sanskrit: Muladhara
Position: Beckenboden
Farbe: Rot
Form: 4-blättrige Lotosblüte
Tierkreiszeichen: Steinbock, Wassermann
Planet: Saturn (Mars)

2. Chakra, Sexualchakra oder Sakralchakra

Bedeutung: Partnerschaft, Sexualität, Schöpferkraft, Lust, Sinnlichkeit, Fülle, Lebensfreude;
Blockade: Schuldgefühle, Sorgen, sexuelle Störungen, Mangelsituationen, Freudlosigkeit;
Sanskrit: Svadhisthana
Position: Unterbauch
Farbe: Orange
Form: 6-blättrige Lotosblüte
Tierkreiszeichen: Schütze, Fisch
Planet: Jupiter (Venus)

3. Chakra, Nabelchakra oder Solarplexuschakra

Bedeutung: Selbstwert, ausgeglichene Emotionen, gutes Bauchgefühl, Entscheidungsfähigkeit, innere Unabhängigkeit, Selbstermächtigung;
Blockade: Gefühlsschwankungen, Machtthemen, Kontrollzwang, Kummer, Entscheidungsprobleme, Abhängigkeiten;
Sanskrit: Manipura
Position: Oberbauch
Farbe: Gelb
Form: 10-blättrige Lotosblüte
Tierkreiszeichen: Skorpion, Widder
Planet: Mars (Sonne)

4. Chakra oder Herzchakra

Bedeutung: Liebe, Mitgefühl, Harmonie, Herzenswärme, Versöhnung, Frieden, Güte, Heilung;
Blockade: Lieblosigkeit, Kälte, Kontaktarmut, Vorwürfe, Vorurteile, Groll, Verbitterung, Streitigkeiten, Trauer;
Sanskrit: Anahata
Position: Brustmitte
Farbe: Rosa und grün
Form: 12-blättrige Lotosblüte
Tierkreiszeichen: Waage, Stier
Planet: Sonne (Venus, Mond, Saturn)

5. Chakra, Halschakra oder Kehlchakra

Bedeutung: Ausdrucksfähigkeit, Kreativität, leichtes Lernen, Umsetzung von Ideen, klare Kommunikation, Freundlichkeit, Offenheit;
Blockade: Schüchternheit, Geschwätzigkeit, Antriebsschwäche, Dauermüdigkeit, innere Unruhe, Vergesslichkeit, Ideenlosigkeit;
Sanskrit: Vishuddha
Position: Halsbereich
Farbe: Hellblau und türkis
Form: 16-blättrige Lotosblüte
Tierkreiszeichen: Jungfrau, Zwilling
Planet: Venus (Merkur)

6. Chakra, Drittes Auge oder Stirnchakra

Bedeutung: Wissen, Weisheit, Erkenntnis, Intuition, Vertrauen, Bewusstsein, Fantasie;
Blockade: Überlastung, Unkonzentriertheit, Verlustängste, Überbetonung des Verstandes, Gefühl der Bedeutungslosigkeit;
Sanskrit: Ajna
Position: Stirnmitte
Farbe: Indigo und blau
Form: 96-blättrige Lotosblüte
Tierkreiszeichen: Löwe, Krebs
Planet: Merkur (Mond, Jupiter)

7. Chakra, Scheitelchakra oder Kronenchakra

Bedeutung: Spiritualität, Aufgehobensein, Anbindung an das Göttliche, Stille, Sinn des Lebens, Vollkommenheit, Frieden;
Blockade: Ziellosigkeit, Weltschmerz, Verzweiflung, Stress, Angst vor Krankheit und Tod, Gefühl der Sinnlosigkeit;
Sanskrit: Sahasrara
Position: Scheitelpunkt oben auf dem Kopf
Farbe: Violett, weiß, gold
Form: 1000-blättrige Lotosblüte
Tierkreiszeichen: Löwe
Planet: Mond (Neptun)

PRAXIS:

Befasse dich mit den Chakren und übe in geführten Meditationen alleine und / oder in Gruppen die Chakrenmeditation.

Notizen:...
....
....
....
....
....
....
....
....
....
....
....
....
....
....
....
....
....
....
....
....
....
....
....
....
....
....
....

Die Selbstverantwortlichkeit

„Wenn du dem Menschen ständig in den Hintern treten würdest, der für deinen ganzen Ärger verantwortlich ist, würdest du einen Monat lang nicht mehr sitzen."

Theodore Roosevelt

Dein Leben kannst du erst richtig in die Hand nehmen, wenn du dir bewusst machst, dass du für alles in deinem Leben selbst verantwortlich bist. Das mag jetzt auf den ersten Blick etwas verwegen klingen, aber wenn du das Bewusstsein besitzt, dich mit diesem Thema intensiver auseinanderzusetzen, dann wird dir immer klarer, was damit gemeint ist.
Du bist natürlich nicht dafür verantwortlich, wenn irgendwelche Katastrophen in dein Leben kommen. Sehr wohl bist du jedoch dafür verantwortlich, wie du mit den Situationen, die auf dich zukommen, umgehst. Du kannst ungünstige Situationen für dich als Ausrede verwenden, um nichts machen zu müssen oder andere Menschen für dieses und jenes verantwortlich machen. Mit dieser Haltung gibst du aber die Verantwortung und das Steuer an andere ab. Du kannst dadurch also nichts beeinflussen und für dich zum Guten verbessern. Du kannst dann nur noch jammern, dich beschweren und zusehen, was andere machen. Durch das Nicht-Annehmen der Verantwortung für dein Leben beraubst du dich der Möglichkeit, die Ziele in deinem Leben zu verfolgen und zu verwirklichen. Wenn du die Verantwortung ablehnst, bist du gefangen. Es ist daher für dich besser, die Verantwortung anzunehmen und so frei zu sein. Du hast dann die Wahl, den Weg zu gehen, den du für dich gehen willst und bist nicht fremdbestimmt.
Viktor Frankl, ein hervorragender Psychologe, war viele Jahre im Konzentrationslager und fasste seine Beobachtungen in einem Satz zusammen: *„Die letzte aller menschlichen Freiheiten ist die, seine Einstellung in jeder gegebenen Situation selbst zu wählen."*

Du solltest in all deinen Lebensbereichen die Verantwortung übernehmen. Im beruflichen Umfeld, in den Beziehungen zu anderen, im Bereich der Gesundheit, was immer das Leben dir an Herausforderungen bringt, übernimm selbst die Verantwortung, jammere nicht und komm ins Handeln. Sei dir immer bewusst, dass du andere Menschen nicht ändern kannst, sondern nur dich und deine Einstellungen.

Mach nicht andere Menschen, Umstände oder Situationen verantwortlich, sondern sei ein aktiver Schöpfer deines Lebens.

Es gibt nur eine Person, die für dein Leben verantwortlich ist, und das bist DU. Dieser Satz ist eine starke Botschaft, denn wenn du das verstanden und erkannt hast, erlangst du plötzlich die Kraft, dein Leben zu gestalten, du bist dann der, der das Steuer in der Hand hält. Du bist kein Opfer mehr, du bist Gestalter und Schöpfer.

PRAXIS:

Mach dir ganz gezielt Gedanken darüber, wie es in deinem Leben aussieht mit der Übernahme der Verantwortung für dein Leben. Wenn du immer wieder andere oder die Umstände für deine Situation verantwortlich machst, dann ergreife einen konkreten Fall, betrachte ihn genauer und versuche, herauszufinden, ob nicht doch du selbst dafür verantwortlich bist. Kommst du zu diesem Schluss, kannst du handeln.

Notizen:..
....
....
....
....
....
....
....
....
....
....
....
....
....
....

Die Freiheit der Wahl

„Alle Handlungen menschlicher Wesen gründen sich auf Liebe oder Angst, nicht nur jene, die mit Beziehungen zu tun haben. Entscheidungen, die das Geschäft betreffen, das Wirtschaftsleben, die Politik, die Religion, die Erziehung der jungen Leute, die sozialen Angelegenheiten eurer Nationen, die ökonomischen Ziele eurer Gesellschaft, Beschlüsse hinsichtlich Krieg, Frieden, Angriff, Verteidigung, Aggression, Unterwerfung; Entschlüsse, haben zu wollen oder wegzugeben, zu behalten oder zu teilen, zu vereinen oder zu trennen - jede einzelne frei Wahl, die ihr jemals trefft, entsteht aus einem der beiden möglichen Gedanken: aus einem Gedanken der Liebe oder einem Gedanken der Angst."

Neale Donald Walsch

Die Freiheit der Wahl drückt sich dadurch aus, dass du jederzeit und in jeder Situation die Möglichkeit hast, neue Handlungen für dich zu wählen. Deine aktuelle Lebenssituation ist ein Ergebnis deiner bisherigen bewussten und unbewussten Handlungen. Wenn du Begrenzungen in deinen Wahlmöglichkeiten siehst, dann bist immer du es, der diese Begrenzungen sieht und die entsprechenden Handlungen setzt. Du hast jetzt, in dem Augenblick, die Möglichkeit, durch andere, neue Handlungen deinem Leben eine neue Richtung zu geben. Durch andere, neue Handlungen setzt du neue Ursachen und damit andere, neue Auswirkungen.

Die Vergangenheit ist vorbei und existiert nur noch in deinem Kopf, die Zukunft ist noch nicht da und nicht vorhersehbar, alles, was du hast, ist das Jetzt und damit jetzt die Möglichkeit, für dich neu zu wählen. Du hast stets die Freiheit, neue Wege zu gehen, bist nicht gefangen in deiner aktuellen Lebenssituation. Sei dir immer bewusst über die Möglichkeit des Wählens und lebe dadurch auch ganz bewusst das, was du für dich gewählt hast. Das gilt für alle Bereiche in deinem Leben, betreffend das geschäftliche Umfeld, Beziehungen, Politik, Gesundheit, Fitness, usw. Ob du es willst oder nicht, du triffst immer eine Wahl, denn du kannst *nicht nicht* wählen. Auch wenn du dich entschließt, im Jetzt keine bewusste Wahl zu treffen, hast du dich unbewusst für etwas entschieden. Es ist für ein bewusstes und selbstbestimmtes Leben von immenser Bedeutung, dass du ganz bewusst die Freiheit der Wahl annimmst und dir bewusst machst, was du wählst und wie du handelst. Das bringt dich in deine Schöpferkraft, dadurch entwickelst du dein bewusstes Handeln, deinen Weg und dein Leben.

Das folgende autobiografische Gedicht von *Portia Nelson* beschreibt in fünf Kapiteln die Freiheit, einen neuen Weg zu gehen:

1

Ich gehe die Straße entlang.
Da ist ein tiefes Loch im Gehsteig.
Ich falle hinein.
Ich bin verloren....Ich bin ohne Hoffnung.
Es ist nicht meine Schuld.
Es dauert endlos, wieder herauszukommen.

2

Ich gehe dieselbe Straße entlang.
Da ist ein tiefes Loch im Gehsteig.
Ich tue so, als sähe ich es nicht.
Ich falle wieder hinein.
Ich kann nicht glauben, schon wieder am gleichen Ort zu sein.
Aber es ist nicht meine Schuld, immer noch dauert es sehr lange, herauszukommen.

3

Ich gehe dieselbe Straße entlang.
Da ist ein tiefes Loch im Gehsteig.
Ich sehe es.
Ich falle immer noch hinein,.......aus Gewohnheit.
Meine Augen sind offen.
Ich weiß, wo ich bin.
Es ist meine eigene Schuld.
Ich komme sofort heraus.

4

Ich gehe dieselbe Straße entlang.
Da ist ein tiefes Loch im Gehsteig.
Ich gehe darum herum.

5

Ich wähle eine andere Straße.

PRAXIS:

Wenn du dich demnächst wieder in einer schwierigen Situation befindest, dann mach dir ganz bewusst klar, dass du immer die Freiheit der Wahl hast und so die Richtung in deinem Leben bestimmst.

Notizen:...
....
....
....
....
....
....
....
....
....
....
....
....
....
....
....
....
....
....
....
....
....
....
....
....
....

Dein Potenzial

*„du bist mit einem Potenzial geboren worden. du bist mit Güte und
vertrauen geboren worden. du bist mit Idealen und träumen geboren
worden. du bist mit Größe geboren worden. du bist mit Flügeln geboren
worden. du bist nicht zum Kriechen geboren, also krieche nicht. du hast
Flügel. Lerne sie zu gebrauchen und fliege. "*

Runi

Nachdem du von deinen Eltern in Liebe gezeugt wurdest und sich dabei ein
Sperma von mehreren Milliarden durchgesetzt hat, wurdest du mit einem
gewaltigen Potenzial geboren.

Dann sind in deinem Leben viele Dinge passiert, die, wie bei fast allen von
uns, das Potenzial drastisch reduziert, zurechtgestutzt haben. Du hast im
Rahmen deiner Erziehung erfahren, dass du dieses und jenes nicht kannst,
nicht tun solltest und in weiterer Folge wurdest du von verschiedenen
Kreisen bewertet.

Du hast dann unbewusst alles, was für dich abwertend war, allmählich
aufgegeben. Was du jedoch schön angepasst durchgezogen hast, wurde
aufgewertet und sogar noch verstärkt. In diesem Prozess und den damit
verbundenen Erlebnissen wurde dein Potenzial immer mehr reduziert und
angepasst.

Wenn du dann die innerfamiliären Beurteilungen überstanden hattest, wurde
der Kreis der Einflussnahme auf dich immer größer. Der erweiterte
Familienkreis, die Freunde, Arbeitskollegen bis hin zu verschiedenen
Medien (Zeitung, Internet, TV,..) haben dir gezeigt und zeigen dir noch, was
gerade Sache bzw. angesagt ist.

Dein ursprüngliches Potenzial wurde so immer weiter reduziert und
angepasst. Es ist jedoch so, dass von deinem Potenzial nichts verloren
gegangen ist, es ist immer noch in dir, es ist lediglich verschüttet und wartet
darauf, wieder aktiv zu werden.

PRAXIS:

Mach dir Gedanken darüber, wo und wie du eingeschränkt wurdest. Was ist das, was du immer machen wolltest, wovon hast du als Kind geträumt? Mach stille Gedankenmeditationen zu diesem Thema. Wenn du für dich etwas findest, dann komm ins Handeln, denn das Denken und Meditieren alleine bringen dich nicht weiter.
Lass dir niemals mehr von jemandem sagen: „Das kannst du nicht!".

Notizen:...
....
....
....
....
....
....
....
....
....
....
....
....
....
....
....
....
....
....
....
....
....
....

Deine Bewertungen und die Achtsamkeit

„Die Menschen werden nicht durch die Dinge die passieren beunruhigt, sondern durch die Gedanken darüber"

Epihret

Es ist ganz wichtig, dass du hinausgehst aus den Bewertungen und hineinkommst in die Achtsamkeit. Mach dir in diesem Zusammenhang die Stufen der Achtsamkeit bewusst:

- Konzentrieren – *Du gehst in deinen Gedanken auf die Situation ein*
- Beobachten – *Du nimmst einfach wahr, was ist*
- Benennen – *Du kannst die Situation benennen, nicht bewerten*
- Nicht bewerten – *Nimm generell Abstand von Bewertungen*
- Nicht handeln – *Das schafft dir Freiraum und Freiheit*

Das „Nicht-Bewerten" und „Nicht-Benennen" schafft einen Raum, den du für dich nutzen kannst und der dir Freiheit schenkt.

Wenn du zum Beispiel in eine Situation kommst, in der du beschimpft oder kritisiert wirst, dann ist das eine gute Übung, einfach einmal nicht darauf zu reagieren. Du gehst nicht in die Abwehr oder Rache, sondern achtest einfach darauf, was die Situation mit dir macht. Du wirst dich zunächst vielleicht klein und schwach fühlen, das wird sich aber in weiterer Folge umkehren und du gehst für dich gestärkt aus dem Ganzen heraus. Das bedeutet nicht, dass du in jeder Situation immer das Opfer sein musst, es gibt auch Situationen, in denen du aktiv jemandem entgegentrittst. Wenn du das schließlich machst, wird es bewusst, bestimmt und von hoher Qualität sein.

Als unbewusster Mensch verfällst du immer in den Prozess des Bewertens. Sobald irgendetwas in dein Leben tritt, bewertest du es. Du bewertest Situationen, Ereignisse, Menschen und auch dich selbst. Das beginnt schon mit dem Aufstehen am Morgen, du stehst auf und bewertest bereits deinen kommenden Tag im Voraus („Das wird heute wieder ein ….. Tag!"), du gehst ins Bad, stellst dich auf die Waage („Oje,...!") und so geht dein Tag weiter. Du kommst in die Arbeit, triffst Menschen und gibst diese durch deine Bewertungen in unterschiedliche Schubladen. Sei dir dessen bewusst, dass du Menschen, die du bewertest, zu Objekten machst, die du für deine Zwecke benutzt. Dieses Bewerten von Menschen steht mit dem Benutzen von Menschen für deine Zwecke in Verbindung, du machst damit aus

Subjekten Objekte und verletzt dabei die Würde des Menschen, den du bewertest und damit deine Würde. Versuche, dich ganz bewusst aus diesem ständigen Bewerten zu verabschieden. Alles ist zunächst ganz neutral, wie es ist, nur du machst es zu dem, was es dann für dich ist.

Mach dir weiters bewusst, dass du keine Fehler machst, sondern nur Erfahrungen, die dich in deinem Leben weiterbringen, auch wenn diese scheinbar nicht immer positiv sind. Ob etwas positiv oder negativ ist, unterliegt wiederum der Bewertung und ist eine subjektive Sicht auf die Situation. Es ist wichtig, dass du dich dem ständigen Bewerten entziehst.

Eine Begebenheit, eine Situation ist zunächst einmal nur eine Situation oder Begebenheit. Erst deine Bewertung bestimmt, wie du sie für dich wahrnimmst.

Dazu gibt es die Geschichte „Der Bauer und sein Pferd":

Ein Bauer hatte ein Pferd, aber eines Tages lief es fort und der Bauer und sein Sohn mussten ihre Felder selbst pflügen. Die Nachbarn sagten: „Was für ein Pech, dass euer Pferd weggelaufen ist!" Aber der Bauer antwortete: **„Man wird sehen!"**

Eine Woche später kam das Pferd zum Bauernhof zurück und brachte eine ganze Herde wilder Pferde mit. „So viel Glück!", riefen die Nachbarn, aber der Bauer sagte: **„Man wird sehen!"**

Kurz danach versuchte der Sohn des Bauern, eines der wilden Pferde zu reiten. Er wurde aber abgeworfen und brach sich ein Bein. „Oh, so ein Pech!" Die Nachbarn hatten Mitleid, aber der Bauer sagte wieder: **„Man wird sehen!"**

Ein paar Tage später zog der Landesherrscher alle jungen Männer in sein Heer ein, um in die Schlacht zu ziehen. Aber den Sohn des Bauern ließen sie wegen seines gebrochenen Beins zu Hause. „Was für ein Glück, dass dein Sohn nicht in die Schlacht ziehen muss!", freuten sich die Nachbarn. Aber der Bauer bemerkte nur: **„Man wird sehen!"**

PRAXIS:

Beobachte dich selbst in deinem Alltag und versuche, ganz bewusst das Bewerten von Situationen, Ereignissen und Menschen zurückzudrängen und übe dich in Achtsamkeit. Übe darüber hinaus Meditationen speziell zum Thema „Achtsamkeit".

Notizen:..
....
....
....
....
....
....
....
....
....
....
....
....
....
....
....
....
....
....
....
....
....

Das Loslassen

„ Uns macht nicht reich, was wir erhalten, sondern was wir weggeben "

Henry Ward Beecher

Das Loslassen ist für deinen persönlichen Erfolg einer der schwierigsten, aber wichtigsten Prozesse. Wir neigen von Natur aus dazu, alles zu sammeln, zu behalten und nicht mehr loszulassen. Wenn etwas Neues in dein Leben soll, dann musst du Platz dafür machen, sonst wird es nicht kommen. Das betrifft sowohl die materielle Seite als auch die geistige. Wenn du deine Wohnung mit altem Müll vollstopfst, wirst du keinen Platz für Neues haben und es wird auch nichts Neues zu dir kommen. Wenn du deine Klamotten nicht ausmistest, wirst du irgendwann in diesem Textilmüll ersticken. Genauso verhält es sich mit deinem Geist, wenn du deinen Kopf nicht freibekommst von altem Müll, wird nichts Neues entstehen können. Vergiss nicht, dass alles mit allem zusammenhängt und alles „Energie" ist, daher ist auch energetisch gesehen wichtig: *„Altes raus, Neues rein".* Hast du schon einmal das befreiende Gefühl erlebt, wenn du im Zuge einer Übersiedelung „ausgemistet" und alten Ballast weggeworfen hast?

Das betrifft auch deinen Körper, mach immer wieder Entgiftungs- und Fastenkuren, reinige regelmäßig deinen Darm.

Versuche, weitgehend minimalistisch zu leben und behalte nur das, was du wirklich benötigst.

Du musst auch damit beginnen, deine Vergangenheit loszulassen und nicht an der Vergangenheit anzuhaften, denn die ist definitiv vorbei und existiert nur noch in deinem Kopf. Deine Vergangenheit, wie immer sie gewesen ist, hat dich zu dem gemacht, was du heute bist. Lass deine Vergangenheit los, sie ist vergangen und kommt nicht mehr wieder. Auch jeder Augenblick, den du erlebst, kommt nicht mehr wieder und ist einzigartig. Wenn du gerade jetzt diese Zeilen liest, werden dieser Augenblick, diese Empfindungen nie mehr wieder kommen. Wenn deine Kindheit, wie bei so vielen, nicht gut war, dann darfst du sie loslassen und froh darüber sein, dass sie vorbei ist und nicht wiederkommen kann. Lass deine Vergangenheit ruhen und trete ein in die Gegenwart, in das Hier und Jetzt, in diesen Augenblick, denn das ist alles, was du hast. Richte deine ganze Aufmerksamkeit und Energie auf das, was du jetzt tust und lass alles andere los.

PRAXIS:

Inspiziere deinen materiellen Besitz und finde heraus, was du alles weggeben kannst, zum Beispiel alles, was du die letzten zwei Jahre nicht mehr angefasst hast. Wenn du etwas Neues kaufst, dann gib ein Stück vom Alten weg. Mach Fastenkuren und reinige deinen Darm.

Notizen:..
....
....
....
....
....
....
....
....
....
....
....
....
....
....
....
....
....
....
....
....
....
....

Das Handeln und Tun

„Achtsamkeit muss engagiert sein. Sobald wir erkennen, dass etwas getan werden muss, müssen wir handeln. Sehen, Erkennen und handeln müssen zusammengehen. Was ist sonst der Sinn des Erkennens."

Tich Nhat Hanh (Engagierter Buddhismus)

Veränderung kannst du nur durch aktives Handeln herbeiführen. Du kannst Tage, Wochen, Monate und Jahre meditieren, affirmieren, positiv denken, wenn du aber nicht ins Tun, ins Umsetzen kommst, wird nichts passieren. Die mentalen Werkzeuge (Meditation, Affirmation, positives Denken,..) sind nur in Verbindung mit dem Handeln sinngebend für deine Veränderung. Das bedeutet nicht, dass es wertlos ist, die mentalen Werkzeuge einzusetzen, es ist jedoch sehr wesentlich, diese immer in Verbindung mit dem aktiven Handeln und Tun zu benutzen. Die erfolgreichen Leute sind die, die etwas umsetzen, die etwas unternehmen (Unternehmer). Die Welt ist voll von Menschen, die wissen, wie es geht, aber nichts in die Hand nehmen, nichts tun. Etwas zu wissen hat keinen Wert, wenn du nicht wirksam etwas damit tust. Es gibt viele Entschuldigungen, um etwas nicht tun zu müssen:

- Das Warten auf den richtigen Zeitpunkt
- Etwas anderes, das gerade Priorität hat
- Keine optimalen Umstände
- Unrealistisches Vorhaben
- Angst vor dem Scheitern
- Angst davor, Fehler zu machen

In den allermeisten Fällen sind diese Entschuldigungen nichts Anderes als Ausreden, damit du nicht in die Handlung kommen und eventuell deine Komfortzone verlassen musst. Für das Umsetzen, das Tun, das Handeln gibt es nur einen richtigen Zeitpunkt und der ist JETZT, denn das ist alles, was du hast. Es gibt keinen perfekten Zeitpunkt, keine perfekten Umstände, denn es gibt nicht „das perfekt Ist". Je mehr du ins Tun kommst, je mehr du handelst und umsetzt, desto effizienter wirst du, umso mehr stärkst du deinen „Handlungsmuskel" bzw. entwickelst ein „Momentum".

Es gibt für ein bewusstes Handeln drei Ebenen, die du in jede deiner Handlungen einfließen lassen solltest. Je mehr du diese Ebenen berücksichtigst und dir bewusst machst, umso mehr Kraft und Energie entwickelst du durch sie. Diese Ebenen des bewussten Handelns sind „Bereitwilligkeit", „Freude" und „Begeisterung".

Bereitwilligkeit des bewussten Handelns

„Bereitwillig sein" bedeutet, dass du annimmst, was gerade ist. Es heißt, die Situation, wie sie gerade im Moment ist, bereitwillig anzunehmen und keinen Widerstand der Situation gegenüber aufzubringen.
Du bist bei wunderbarem Sonnenschein mit deinem Fahrrad unterwegs und eine halbe Stunde vor deiner Ankunft fängt es an zu regnen, die Kette springt aus dem Zahnrad und steckt. Das ist eine Situation, die dich vermutlich nicht mit großer Freude erfüllt. Du kannst aber den Augenblick bereitwillig annehmen und tun, was zu tun ist. Das bedeutet nicht, dass du alles annimmst und durchwegs passiv wirst. Wenn du jedoch näher hinsiehst, wirst du feststellen, dass du in die Aktivität, ins Handeln kommst. Gleichzeitig nimmst du in deiner Selbstverantwortung die Zügel in die Hand und kommst in ein bewusstes Tun.

Freudiges Handeln

Die Freude ist eine große Kraft und bringt Dynamik in dein Handeln. Die Freude beim Tun entsteht, wenn du im Hier und Jetzt, in diesem Moment beim Tun dein Herz und deine Freude einbringst. Die Freude entsteht nicht aus der Tätigkeit heraus, die du gerade ausübst, sondern du lässt die Freude in deine aktuelle Tätigkeit einfließen. Die Freude entsteht in dir und nicht in der Außenwelt, in der Tätigkeit. Sei immer wenn du etwas tust ganz präsent im Augenblick. Richte deine ganze Aufmerksamkeit auf die aktuelle Tätigkeit. Wenn du gerade dieses Buch liest, dann richte all deine Aufmerksamkeit auf das Lesen, auf die Worte und deine Energie wird automatisch fließen, mach es mit Freude. Es ist also nicht die Tätigkeit selbst, die dich mit Freude erfüllt, sondern dein bewusstes Handeln. Durch dieses freudige, bewusste Handeln kommt eine Welle von Kraft und Kreativität in dein Handeln, wodurch du dann ein ganz starkes Momentum entwickelst. Mit der Freude, die dich stützt, kannst du über dich hinauswachsen.

Begeistertes Handeln

Das begeisterte, enthusiastische Handeln ist eng verbunden mit deiner Freude am Handeln und deiner Vision. Wenn du in deinem Handeln deine Vision mit deiner Freude in Verbindung bringst, dann entwickelst du Kraft und Energie für deine Tätigkeiten. Wenn du mit dieser Energie im Tun bist, kann das von außen betrachtet wie ein stressiges Tun wirken. Du bist aber mit deinem ganzen Herzen, mit deiner ganzen Energie beim Tun und damit ist es für dich einfach nur Freude und Begeisterung. Du bist in deiner ganzen schöpferischen Kraft, bist in deinem inneren Gleichgewicht. Du hast in diesem Zustand Zugang zu Kraft, Kreativität und Energie, die du sonst nicht hast und schaffst Dinge, die du dir sonst nicht zutrauen würdest.

Sei dir immer bewusst, dass das heutige Denken das bestimmt, was in Zukunft in dein Leben tritt. Du bestimmst daher durch das Heute deine Zukunft, indem du die entsprechende Saat ausbringst. Das, was du durch deine Gedanken und Handlungen aussäst, wirst du ernten. Wenn du Sonnenblumen säst, wirst du keine Kartoffeln ernten können.

Buddha hat es so ausgedrückt: „Du bist, was du warst; Du wirst sein, was du tust."

Padmasambhava hat das Ganze noch etwas bestimmter ausgedrückt: *„ Wenn du dein vergangenes Leben kennen lernen willst, schau dir deine gegenwärtige Lage an; Wenn du dein zukünftiges Leben kennen lernen willst, schau deine gegenwärtigen Handlungen an. "*

PRAXIS:

Geh deine aktuelle Situation durch und schau, wo du etwas umsetzen solltest, das du schon lange vor dir herschiebst. Wenn du etwas findest, dann lege dir eine Strategie zurecht und handle so schnell wie irgend möglich.

Mach dir eine Liste von Aktivitäten, die dich in deinem Alltag wenig erfreuen bzw. die du nicht wirklich tun möchtest und dich stressen. Übe diese Tätigkeiten nun in Zukunft mit deinem Bewusstsein für das Leben im Moment aus, sei ganz präsent und lass Freude und Lebendigkeit einfließen.

Notizen:...
....
....
....
....
....
....
....
....
....
....
....
....
....
....
....
....
....
....
....
....
....

Das Nichtstun

„Und dann muss man ja auch noch Zeit haben, einfach dazusitzen und vor sich hin zu schauen"

Astrid Lindgren

„Wie jetzt? Ich soll doch tun und handeln!"
Ja, das ist schon richtig, aber du musst immer einen Ausgleich zwischen den Polen finden. Es braucht einen Ausgleich zwischen Anspannung und Entspannung. Es ist in unseren Kreisen üblich, zum Beispiel im Rahmen eines Yogakurses entspannen zu wollen. Grundsätzlich ist nichts gegen Yoga oder ähnliche Techniken einzuwenden. Der Trugschluss dabei ist jedoch, dass dieser Yoga-Termin ein zusätzlicher Termin im Kalender ist. Dieser Termin ersetzt also in den meisten Fällen nicht einen bestehenden Fixpunkt, sondern wird zu einem zusätzlichen Termin und damit zu einem zusätzlichen Stressfaktor. „Ich muss jetzt dann dringend zum Yoga, muss mich entspannen!" – so funktioniert das nicht.
Das wirkliche „Nichtstun" bringt dich in die Entspannung. Viele haben ein Problem mit dem Nichtstun, da es in unserer Kultur nicht so stark verankert ist und wir das Gefühl haben, uns das nicht erlauben zu dürfen. Mit dem „Nichtstun" ist aber auch gemeint, dass du wirklich NICHTS tust, nur das, was dir Freude macht. Einfach nur abhängen. Baue im Laufe deines Tages ganz bewusst Momente ein, in denen du nichts tust oder lass es einfach spontan geschehen. Diese Zeit ist für dich ganz wichtig, für deine Regeneration. Das ist wie ein „Reset" für deinen Körper und Geist.

Der nachfolgende Satz, unterschiedlich betont, gibt dir einen Hinweis darauf, wie du in die Richtung des „Nichtstuns" kommen kannst.

„**Muss** ich das jetzt wirklich tun?" (Ist es wirklich ein Muss?)
„Muss **ich** das jetzt wirklich tun?" (Kann das vielleicht jemand anderer tun?)
„Muss ich **das** jetzt wirklich tun?" (Kann ich etwas anderes stattdessen tun?)
„Muss ich das **jetzt** wirklich tun?" (Kann ich es zu einem anderen Zeitpunkt tun?)
„Muss ich das jetzt **wirklich** tun?" (Ist es wirklich so?)
„Muss ich das jetzt wirklich **tun**" (oder kann ich es einfach sein lassen)

PRAXIS:

Finde für dich Zeiten für das „Nichtstun". Wenn du Urlaub machst, dann komm auch da ins Nichtstun, du musst nicht ständig etwas tun, um es abzuhaken. Erlaube dir, ganz bewusst „nichts zu tun".

Notizen:..
....
....
....
....
....
....
....
....
....
....
....
....
....
....
....
....
....
....
....
....
....
....
....

Das ständige Lernen und Wachsen

„Lernen ist Erfahrung. Alles andere ist nur Information"

Albert Einstein

Das Leben ist ein ständiger Prozess der Veränderung. Verbunden mit den Veränderungen ist es ein laufender, lebenslanger Lernprozess. Diesen Lernprozess kannst du passiv über dich ergehen lassen mit dem Effekt, dass damit keine positiven Veränderungen für dein Leben möglich sind. Du bist dann ein passiver, getriebener, gehetzter und gefrusteter Mensch. Wenn du jedoch dein Leben aktiv mit Lernprozessen angehst, hast du selbst das Steuer in der Hand und kannst bestimmen, wohin dein Weg dich führt.

Das Lernen ist ein Vorgang, der niemals für dich enden sollte, je mehr du dich mit deinen Themen beschäftigst, umso wissbegieriger wirst du werden. Mit dem Lernen wirst du dich weiterentwickeln und kannst daran wachsen. Dieses Wachstum kannst du ganz gezielt in die für dich stimmige Richtung lenken. Das Lernen ist nicht als solches zu verstehen, wie du es vielleicht aus deiner Schulzeit kennst. Diese Form des Lernens ist weder hirngerecht noch macht sie Spaß. Es geht mehr darum, dass du DEINE Form des Lernens und Wachens findest. Das Lernen kann bei Seminaren, Vorträgen, Workshops erfolgen. Eine ganz wichtige Form des lebenslangen Lernens ist das Lesen von Fachliteratur. Dieses laufende Lernen ist jedoch völlig wirkungslos, wenn du das Gelernte nicht in deinem Alltag, sei es privat oder beruflich, umsetzt. Denn letztlich ist das Tun das, was zählt und dir entsprechend Erfolge und Zufriedenheit bringt.

Wenn du dir viel Wissen aneignest, ist das noch nicht gleichbedeutend mit Erfolg und Zufriedenheit. Denn wenn du viel lernst und Wissen anhäufst, stehst du dir gleichzeitig im Weg. Es gibt eine Vielzahl an Genies, die aus ihrem Wissen nichts gemacht haben und bankrott gegangen sind. Eine durch theoretisches Lernen angehäufte Klugheit bedeutet letztendlich nur, dass man sich eine bestimmte Menge an Informationen gemerkt hat. Deshalb ist es wichtig, dass du neben dem Denken das Lenken nicht vergisst, denn die einen denken und die anderen lenken. Wenn du beides kombinierst, hast du eine sehr gute Basis für deine persönliche Veränderung und deinen persönlichen Erfolg.

Ein wichtiger und sehr schlüssiger Gradmesser dafür, ob das, was du versuchst zu lernen, deine Neugier weckt und befriedigt, ist der Grad der Freude, die du dabei empfindest. Nur wenn du etwas mit Freude lernst, wirst du es wirklich aufnehmen und umsetzen können. Die Freude am Neuen, am Entdecken wurde den meisten von uns schon sehr früh genommen. Diese Freude ist es aber, die wir brauchen, die uns antreibt, Neues zu lernen und vor allem Neues zu verstehen. Lernen, ohne das Gelernte wirklich zu verstehen, ist völlig wertlos und wird dir auch nicht als nachhaltiges Wissen längerfristig zur Verfügung stehen. Such dir in deinem Bereich Personen, von denen du lernen kannst, Seminare und Workshops, die du besuchen kannst, sei neugierig und sauge das, was dir Freude bereitet, auf wie ein Schwamm.

Bei all dem Lernen und dem Aufsaugen von Wissen, das von außen kommt, solltest du dir immer wieder bewusst machen, dass du alles, was du benötigst, in dir hast.

PRAXIS:

Überlege dir, welche Wege der Fortbildung du finden kannst, die für dich passend sind und dein Herz mit Freude füllen. Mach dir auch Gedanken darüber, was Erfolg für dich bedeutet. Erfolg kann viele Gesichter haben und kann für jeden etwas anderes sein.

Notizen:...
....
....
....
....
....
....
....
....
....
....
....
....

Der Umgang mit Rückschlägen

„Wenn du durch eine harte Zeit gehst und alles gegen dich zu sein scheint, wenn du das Gefühl hast, es nicht mehr eine Minute länger zu ertragen, GIB NICHT AUF, weil dies die Zeit und der Ort ist, wo sich die Richtung ändert"

Rumi

Es geht im Leben niemals nur nach oben. Einmal bist du oben, einmal bist du unten. Das Problem ist jedoch nicht dieses Auf und Ab im Leben, sondern, wie du mit der jeweiligen Situation umgehst. Gerade schwierige Situationen, die uns an die Grenze bringen, treiben unsere Entwicklung an. Es sieht oft so aus, als ob wir gerade diese schwierigen Situationen für unsere Weiterentwicklung benötigen.

Wenn dir jemand vor deine Türe einen Haufen Mist kippt, kannst du herumjammern, diskutieren und streiten oder du nimmst dir eine Schaufel und machst den Weg frei, schaufelst den Mist in deinen Garten und nützt ihn als Dünger für deine Pflanzen, die du neu einsetzt.

Wenn du dich mit den hermetischen Prinzipien beschäftigst, dann wirst du gemäß dem Prinzip des Rhythmus wissen, dass es sich, ganz egal, ob du unten oder oben bist, wieder umkehrt. Wenn du gelernt hast, damit umzugehen, dann werden dich Rückschläge nicht mehr beeindrucken, weil du die Gewissheit hast, dass es vorbei und wieder nach oben geht. Aufgrund dieser Gewissheit entwickelst du die Kraft und Energie für die Bewältigung von schwierigen Situationen und lernst, von diesen im Sinne deiner Weiterentwicklung zu profitieren.

Insgesamt wirst du dich nach oben hin weiterentwickeln, aber innerhalb dieser Entwicklung gibt es immer wieder Höhen und Tiefen.

Im Dezember 1914, als Thomas Edison 67 Jahre alt war, brannte sein Labor vollkommen ab. Seine gesamten Forschungsergebnisse waren vernichtet. Sein Lebenswerk war zerstört. Sein Sohn kam zu ihm und sah, wie sein Vater das Feuer aus sicherer Distanz beobachtete. Er war ganz ruhig und gefasst und als auch noch seine Frau eintraf, sagte er: *„Schau mal, wir werden in unserem Leben nie mehr so etwas Einzigartiges erleben. All unsere Fehler verbrennen gerade. Gott sei Dank können wir ganz neu anfangen."*

Es gibt in unserem Leben ab und zu Situationen, auf die wir keinerlei Einfluss haben, es liegt aber an uns, wie wir mit diesen Situationen umgehen.

Mach dir bewusst, dass es im Leben keine Misserfolge gibt. Noch nie hat jemand einen Misserfolg gehabt. Die sogenannten Misserfolge sind nichts Anderes als Botschaften vom Leben, dass es so nicht funktioniert und andere Ursachen gesetzt werden müssen, um dann auch andere Auswirkungen zu erhalten (gemäß dem hermetischen Gesetz von Ursache und Wirkung). So ist daher jeder sogenannte Misserfolg eine Chance für Neues, für Besseres. Wenn du nach einem Misserfolg nicht aufgibst und neue Ursachen setzt, ist das gleichzeitig eine weitere Stufe zum persönlichen Erfolg, was auch immer Erfolg für dich bedeuten mag. Mach dir daher bewusst, dass in einem sogenannten Misserfolg immer eine Chance für dein Leben besteht.

PRAXIS:

Verbessere deine Fähigkeit, mit Herausforderungen umzugehen, indem du dich auf die Lösung konzentrierst und die Herausforderung aktiv annimmst. Betrachte die Herausforderung als eine Art Sport, die dich stärkt und deine Entwicklung fördert.

Notizen:..
....
....
....
....
....
....
....
....
....
....

Die Kraft der Liebe

„Es ist Unsinn
sagt die Vernunft
Es ist was es ist
sagt die Liebe

Es ist Unglück
sagt die Berechnung
Es ist nichts als Schmerz
sagt die Angst
Es ist aussichtslos
sagt die Einsicht
Es ist was es ist
sagt die Liebe

Es ist lächerlich
sagt der Stolz
Es ist leichtsinnig
sagt die Vorsicht
Es ist unmöglich
sagt die Erfahrung
Es ist was es ist
sagt die Liebe"

Erich Fried

Über die Liebe zu sprechen, ist in unserer Gesellschaft schon fast zum Tabu geworden. Es ist jedoch so, dass deine ganze Schöpferkraft und Macht erst zur positiven Kraft werden, wenn sie mit der Liebe in Verbindung stehen. Schöpferkraft und Macht ohne Liebe führen zu negativen Auswirkungen in deinem Leben und in deinem Umfeld. Lass die Liebe in dein Leben, speziell wenn du ein Mann bist. Als Mann hast du schon sehr früh in der Kindheit den Bezug zur Liebe und zu deinen Gefühlen verloren. Es war dir als Mann schon sehr früh nicht mehr erlaubt, deine Gefühle zu zeigen. Als Frau wurde dir das meistens erst später aberzogen. Frauen werden immer mehr zu Männern und haben somit auch annähernd dieselbe Problematik. Als Karrierefrau zeigst du keine Gefühle, keine Liebe und nichts, was in irgendeiner Weise auf eine Schwäche hinweisen könnte.

Was uns allen, ob Frau oder Mann, aberzogen wurde, ist die Selbstliebe. Zuerst kommen alle anderen an die Reihe, dann erst beachten wir uns selbst. Es sollte für dich jedoch genau umgekehrt sein. Zuerst bist du an der Reihe, du schaust auf dich, du sorgst für dich, dass es dir so richtig gut geht. Das hat nichts mit Egoismus zu tun, ganz im Gegenteil, nur wenn es dir gut geht, bist du in der Lage, auch für andere zu sorgen und für andere da zu sein. Bist du schon einmal mit dem Flugzeug geflogen? Dann weißt du, wovon ich schreibe. Vor dem Start gibt es immer die Sicherheitsinstruktionen und dabei geht es unter anderem um die Sauerstoffmasken. Im Falle eines Unglücks kommen die Sauerstoffmasken von der Decke und bevor du jemandem anderen hilfst, musst du zuerst dir die Sauerstoffmaske anziehen, denn nur dann bist du in der Lage, anderen zu helfen.

„Wenn ich prophetisch reden könnte
und wüsste alle Geheimnisse
und alle Erkenntnis und hätte allen Glauben,
sodass ich Berge versetzen könnte,
und hätte die Liebe nicht, so wäre ich nichts.
Und wenn ich alle meine Habe den Armen gäbe
und ließe meinen Leib verbrennen
und hätte die Liebe nicht,
so wäre mir`s nichts nütze.“

Korinther 13,2 und 3

PRAXIS:

Lass bei allem, was du machst, deine Liebe einfließen. Meditiere regelmäßig in der Stille mit dir selbst über die Themen „Liebe“, „Selbstliebe“ und „Gefühle“.

Notizen:..
....
....
....
....
....

Deine Kommunikation

"Man kann nicht nicht kommunizieren, denn jede Kommunikation (nicht nur mit Worten) ist Verhalten und genauso wie man sich nicht nicht verhalten kann, kann man nicht nicht kommunizieren."

Paul Watzlawick

Kommunikation passiert immer und nicht nur mit Worten. Kommunikation ist daher ein sehr wichtiges Thema und ich möchte dir die *gewaltfreie Kommunikation nach Rosenberg* etwas näherbringen und dich motivieren, dich etwas intensiver damit zu beschäftigen.

Bei der gewaltfreien Kommunikation verzichtet man auf Angriffe und konzentriert sich auf die Gefühle und Bedürfnisse, die den oft unbedachten Äußerungen des anderen zu Grunde liegen. Mit der gewaltfreien Kommunikation richtig umgehen zu können ist wichtig, damit man auf das Gegenüber eingehen kann und sich auch damit beschäftigt, was Gefühle und was Bedürfnisse sind.

Häufig richten Menschen in ihrer Kommunikation die Aufmerksamkeit darauf, was andere falsch machen bzw. was „verkehrt" an ihnen ist. Der Ausgangspunkt all dieser Verhaltensweisen ist eine negative Bewertung der anderen Person oder ihres Verhaltens. Wir sehen den Grund für aufkommende Gefühle oft in den Handlungen der anderen, woraus im negativen Fall Ärger, Frustration, Ohnmacht oder Hilflosigkeit entsteht. Meistens erfolgt dann eine Abwehr mit Vorwürfen, Kritik und Drohungen, was beim Gegenüber wiederum Rechtfertigung, Gegenangriff, Beleidigtsein und Rückzug hervorruft. Eine Negativspirale, die, egal ob in Beziehungen, im Beruf oder in der Politik, mit Streit und Krieg endet. Marshall Rosenberg, Vertreter der gewaltfreien Kommunikation, bezeichnet eine aggressive Sprache als „Wolfssprache", die dazu führt, dass sich der andere schlecht fühlt, sich wehrt oder ausweicht. Laut Rosenberg verursacht diese Kommunikation gegenseitige Aggression und ist gekennzeichnet durch:

Analyse	„Wenn du das beachtet hättest, ..."
Kritik	„So ist das falsch, das macht man so ..."
Interpretationen	„Du machst das, weil. ..."
Wertungen	„Du bist klug/faul, du liegst richtig/falsch ..."
Strafandrohungen	„Wenn du nicht sofort, dann ..."
Sich im Recht fühlen	

In der gewaltfreien Kommunikation richtet man die Aufmerksamkeit dagegen darauf, was einem wichtig ist und vermeidet in der Kommunikation alles, was beim Gegenüber als Bewertung, Beschuldigung, Kritik oder Angriff ankommen könnte - daher die Bezeichnung „gewaltfreie Kommunikation".

Aufbauend auf den Erkenntnissen der humanistischen Psychologie von Carl Rogers entwickelte Marshall B. Rosenberg in den 70er Jahren des vorigen Jahrhunderts das Modell der „Nonviolent Communication". Rosenberg steht in guter gruppendynamischer Tradition und legt in seinem Buch sehr viel Wert darauf, genau zwischen Wahrnehmung und Interpretation zu unterscheiden: Was können wir in einem Gespräch, in einem Konfliktverlauf oder einfach in einer Begegnung zwischen Menschen genau beobachten und welche Schlüsse, welche Bewertungen folgen daraus?

In jedem Gespräch sollten vier Komponenten (Beobachtungen, Gefühle, Bedürfnisse, Bitten) klar ausgesprochen und verstanden werden, wobei es wichtig ist, Beobachtungen nicht mit Bewertungen zu vermischen, in Kontakt zu den Gefühlen zu kommen, Bedürfnisse zu erkennen und Bitten mit treffenden Worten zu äußern.

Beobachten statt bewerten oder interpretieren.
Gefühle wahrnehmen und benennen.
Bedürfnisse wahrnehmen und ernst nehmen.
Auf der Grundlage der Bedürfnisse klare und erfüllbare *Bitten* äußern.

PRAXIS:

Beschäftige dich mit der gewaltfreien Kommunikation durch das Lesen der Bücher (*Marshall B. Rosenberg*) dazu und versuche, das Gelesene mithilfe von einfachen Übungen im Alltag einzubauen. Vielleicht beginnst du einfach einmal damit, dass du von „Du – Botschaften" zu „Ich – Botschaften" wechselst. Zum Beispiel: Statt „Du sollst die Musik leiser drehen" sagst du „Ich fühle mich durch die Musik gestört und würde mich freuen, wenn die Musik etwas leiser wäre". Die gewaltfreie Kommunikation braucht viel Übung, ist aber sehr wertvoll.

Notizen:...
....
....
....

Dein Wandel

„ Man weiß nie, was daraus wird, wenn die Dinge verändert werden. Aber weiß man denn was daraus wird, wenn sie nicht verändert werden"

Elias Canetti

Dein Wandel gibt deinem Leben eine neue Richtung und macht dein Leben wieder so frisch wie nichts Anderes. Er bringt dich ins Hier und Jetzt, er rüttelt dich wach, macht dich munter, füllt dich mit Energie und lässt dich neu erstrahlen. Dein Wandel wirkt nicht nur auf dich, sondern auch auf deine unmittelbare Umwelt sowie auf unseren ganzen Planeten.

Für deinen persönlichen Wandel kannst du mit ein paar ganz einfachen Dingen beginnen:

- Schalte den Fernseher aus
- Lies ein Buch
- Bewege dich
- Geh in die Natur
- Mach Musik, singe, tanze, lache
- Umarme Menschen
- Sag denen, die du liebst, dass du sie liebst
- Verschenke etwas
- Ernähre dich lichtvoll (keine Tierprodukte)
- Liebe dich selbst

Wenn du diese ganz einfachen Dinge machst, wirst du eine Veränderung in deinem Leben erzielen, die wie ein Wunder wirkt. Mit dieser Wandlung bringst du Energien zum Fließen und damit auch dein Leben.

Was den Wandel betrifft, verhält es sich damit so, dass wir uns meist nur verändern, wenn wir in einer Notlage sind. Es ist für viele ein großer Schritt, eine Veränderung von sich heraus, ohne Druck von außen, zuzulassen. Die alte Haut abzustreifen und einen Schritt vom Bekannten hin zum Unbekannten zu machen, ist jedoch ein spannendes und lohnendes Abenteuer. Gewiss ist es immer mit einem Risiko verbunden, wenn wir unsere kleine, heile Welt verlassen. Die Bequemlichkeiten, Gewohnheiten und Ängste lassen uns oft in der bestehenden Situation verharren.

Wenn das, was du jetzt tust und was du gerade lebst, nicht zu dem führt, was du gerne in deinem Leben hättest, dann musst du dich aufraffen und etwas Anderes tun als bisher. Du kannst nicht immer dasselbe tun und trotzdem andere Ergebnisse erwarten. Deinen Wandel musst du aktiv angehen, du kannst nicht dasitzen und warten bis etwas von selbst passiert. Wenn du die ersten Schritte in eine neue Richtung machst, kommt Neuland auf dich zu. Du wirst neues Wissen und andere Fähigkeiten als bisher benötigen und musst dir diese aneignen. Wenn du jedoch die stimmige Richtung für dich gefunden hast, wird dir das Erlernen von neuen Fähigkeiten keine Mühe mehr machen. Ganz im Gegenteil, du wirst mit voller Motivation und Energie ans Werk gehen und sofort spüren, dass der Weg für dich passend ist. Wenn du Gefallen an dem Wandel gefunden hast, wirst du feststellen, dass du immer noch einem weiteren Wandel unterliegst und dir das Spaß macht, weil das Leben ein ständiger Prozess der Veränderung ist. Das Einzige im Leben, das fix ist, ist die Veränderung.

Was steht deinem Wandel im Weg?

- Deine Gedanken
- Die Worte anderer Leute
- Deine Ängste
- Die Ängste anderer Leute
- Deine Glaubenssätze
- Die Glaubenssätze anderer Leute
- Deine Vorurteile
- Die Vorurteile anderer Leute
- Mangelnde Motivation
- Dein Pessimismus
- Der Pessimismus anderer Leute

Diese Liste kannst du beliebig fortführen. Du musst sie aus dem Weg räumen, um so für den neuen Weg alles frei zu machen. Beschäftige dich intensiv mit dir selbst, meditiere, mach Yoga oder Autogenes Training, lies gute Bücher, die dir dienlich sind, besuche Seminare, Vorträge, Workshops. Fülle deine Tage mit Tätigkeiten, die deiner Wandlung dienlich sind und halte alles andere von dir fern.

PRAXIS:

Bring frischen Wind in dein Leben und wage den Wandel. Überlege dir, was dich bremst, was dich behindert und räume es aus dem Weg. Mach nicht alles auf einmal, aber wage für dich passende Schritte in eine neue Richtung.

Notizen:...
....
....
....
....
....
....
....
....
....
....
....
....
....
....
....
....
....
....
....
....
....
....
....

Alltagstipps für deine Veränderung

Steh jeden Morgen mit einer positiven Haltung und Dankbarkeit auf!

Wenn du am Morgen erwachst, dann übe dich in Dankbarkeit für alles, was du hast (Beine, die dich durch den Tag tragen, ein Bett, in dem du schlafen kannst,..), es gibt immer etwas, wofür du dankbar sein kannst und solltest. Beginne den Tag mit positiven Gedanken und lass dich nicht durch negative Einflüsse (Mitmenschen, Radio,..) beeinflussen.

Meditiere täglich zehn bis 15 Minuten!

Nimm dir im Laufe des Tages (am besten am Morgen) ca. zehn Minuten Zeit für eine stille Meditation. Diese hilft dir, in die Ruhe zu kommen und dich zu fokussieren auf alles, was für dich von Bedeutung ist.

Bewege dich so viel wie möglich!

Dein Körper ist der Tempel, in dem deine Seele wohnt, er reagiert auf alles, was du mit ihm machst (Ernährung, Bewegung, mentale Einstellung,..). Dein Körper ist eine „Bewegungsmaschine" und nicht dafür gebaut, den ganzen Tag zu sitzen. Bewege dich daher so viel wie möglich und wann immer es geht, bewege dich in der Natur. Allein ein Spaziergang im Wald kann schon eine heilende Wirkung haben.

Ernähre dich gesund und lebensgerecht!

Beschäftige dich mit dem Thema „Ernährung" ganz bewusst und sei achtsam, was du deinem Körper an Nahrung zuführst. Vermeide tierische Produkte, denn sie sind deinem Körper und deiner Gesundheit nicht zuträglich, erzeugen unendliches Tierleid und zerstören den Planeten. Vermeide Zucker und Fertignahrung sowie Junkfood (auch vegane oder vegetarische Fertignahrung ist für die Gesundheit nicht förderlich). Mach zwischen den Mahlzeiten Pausen, in denen du nichts außer Flüssigkeit zu dir nimmst (Wasser, Tee, Smoothies)

Mach ganz gezielt Pausen!

Teile dir in deinem Tagesplan Pausen als Termine ein und versuche, diese Termine wie Geschäftstermine einzuhalten, nimm dir die Zeit für dich.

Sieh in allem die Möglichkeiten und das Positive!

Du hast stets die Möglichkeit, in einer Situation, sei sie auch noch so schwierig, das Schlechte oder das Gute zu sehen. Du hast also immer die Wahl, ob du in einer Situation die Chancen und Möglichkeiten siehst oder das Negative.
Halte dich fern von Personen, die immer das Negative sehen und immer nur jammern und von allen, die dir nicht gut tun.

Lebe jeden Tag bewusst und ganzheitlich!

Lebe bewusst jeden Tag, sieh ihn als ein Geschenk und versuche immer, das Ganzheitliche (Körper, Geist und Seele) zu sehen und zu leben. Sei dir bewusst, dass sich alles, was du auf einer Ebene machst und erlebst, auf die anderen Ebenen auswirkt. Wenn du zum Beispiel etwas Gutes für deinen Körper tust, wirkt sich das auch positiv auf Geist und Seele aus.

Lerne die Gesetze des Lebens (Hermetische Gesetze)!

Die hermetischen Gesetze sind schon Jahrtausende alt und haben nach wie vor Gültigkeit für unser Leben. Es ist daher von großer Bedeutung, sich mit diesen Lebensgesetzen auseinanderzusetzen. Die Prinzipien der Geistigkeit (Mentalität), der Entsprechung, der Schwingung, der Polarität, des Rhythmus, von Ursache und Wirkung und des Geschlechts.

Sei immer im Hier und Jetzt!

Richte deine ganze Aufmerksamkeit auf das, was du gerade machst, denn dort, wo deine Aufmerksamkeit ist, fließt auch all deine Energie hin. Wenn du zum Beispiel mit jemandem sprichst, dann schenke ihm all deine Aufmerksamkeit und sei mit deinen Gedanken im Hier und Jetzt. Richte deine Gedanken nicht auf Vergangenes oder auf zukünftige Ereignisse, denn das existiert nicht real, sondern nur in deinem Kopf und lenkt dich vom Wesentlichen ab.

Mach dir einen Plan für jeden Tag!

Nimm dir jeden Tag am Abend ein paar Minuten Zeit und plane ganz grob deinen nächsten Tag. Schreibe dir jeden Tag die sechs wichtigsten Dinge auf, die du erledigen musst. Am Abend kontrollierst du dann, was du davon erledigt hast. Wenn du etwas nicht erledigt hast, dann übertrage es auf den nächsten Tag, wo dann wieder nur sechs Punkte stehen sollten. So bekommst du eine Struktur hinsichtlich deiner Prioritäten für den Tag.

Schalte den Fernseher aus!

Beende das sinnentlehrte Fernsehen, beginne ganz bewusst, entweder etwas Bereicherndes zu lesen oder bereichernde Filme zu schauen, die du dann reflektierst. Versuche, daraus etwas für dich und dein Leben zu lernen.

Feiere deinen Feierabend!

Der Feierabend ist die Möglichkeit für dich, deine Freiheit zu nutzen und etwas für dich Schönes, Bereicherndes zu tun. Nutze diese Freiheit nach deinem Arbeitstag, um dich weiterzuentwickeln, dich zu entfalten.

Verschenke etwas!

Überlege dir jeden Tag, was du jemandem schenken kannst. Das müssen keine großartigen Dinge sein, selbst wenn es kleine Dinge sind, wird dieses Verschenken deinen Tag bereichern.

Überprüfe für dich dein gesellschaftliches Umfeld!

Du bist immer auch ein Teil und ein Ergebnis deiner unmittelbaren Umgebung. Überprüfe wieder und wieder, ob die Personen, mit denen du dich umgibst, die richtigen für dich sind. Wenn du an dir arbeitest und dich weiterentwickelst, kann es sein, dass die Personen in deinem Leben nicht mitgehen oder einfach nicht mitkommen. Wenn das so ist, dann solltest du handeln und den Kreis der Personen eventuell auch verlassen.

Beende jeden Tag mit positiven Gedanken und Gefühlen!

Wenn du am Abend im Bett liegst, dann geh in Gedanken nochmals die Tagesereignisse durch und freue dich über die positiven Dinge, die passiert sind. Auch wenn ein Tag noch so schlecht war, gibt es immer etwas, das positiv war, auch wenn es nur Kleinigkeiten sind. Es ist für den Schlaf und die Einstimmung auf die Nacht sehr wichtig, den Tag mit positiven Gedanken zu beschließen und so mit guten Gefühlen in die Traumwelt hinüberzugleiten.

Spielregeln für dein Leben

Starte immer wieder neu durch!

Mach alles, was du machst, mit Begeisterung und aus ganzem Herzen. Wenn etwas nicht so läuft wie geplant, dann starte mit neuer Begeisterung durch.

Genieße das Leben mit allen Sinnen!

Lebe mit dem Bewusstsein, dass das Leben nicht von ewiger Dauer ist und genieße jeden Augenblick. Nimm alles immer mit all deinen Sinnen wahr und erkenne den Genuss im Hier und Jetzt.

Suche die Kommunikation mit deinen Mitmenschen!

Das Leben ist Veränderung und damit ein ständiger Prozess des Lernens. In der Kommunikation mit deiner Umwelt kannst du lernen und dich entwickeln.

Gib dich dem Fluss des Lebens hin!

Mach dir immer wieder bewusst, dass das Leben einem Fluss gleicht. Lass dich vertrauensvoll in diesem Fluss treiben.

Folge deinem Herzen!

Dein Herz weiß genau, was der richtige Weg und die richtige Art des Handelns sind. Folge daher großherzig dem Ruf deines Herzens.

Sei dankbar für dein Leben!

Die Dankbarkeit ist eine der Säulen für deine Weiterentwickelung. Wenn du achtsam und dankbar bist, dann öffnen sich für dich neue Türen.

Lerne die Selbstbeherrschung!

Deine Selbstbeherrschung gibt dir die Kraft, in schwierigen Situationen den Blick für das Ganze nicht zu verlieren. Sie bewahrt dich davor, dich in kleinen Details zu verstricken.

Übernimm die Verantwortung für dein Leben!

Indem du die Verantwortung für dein Leben und deine Handlungen übernimmst, bist du am Steuer deines Lebens. Du bist dann der, der die Zügel der Kutsche deines Lebens in der Hand hält.

Vertraue dem Lauf des Lebens!

Gib dich dem Fluss des Lebens hin, arbeite an deinen Träumen und verwirkliche sie.

Die nachfolgenden Zeilen stammen vom deutschen Künstler *Joseph Beuys*, der die Meinung vertreten hat, dass „jeder Mensch ein Künstler sei". Diese Zeilen möchte ich dir noch mit auf deinen Weg geben, da sie dir kleine Hinweise für dein bewusstes Leben geben:

Lass dich fallen.
Lerne, Schlangen beobachten.
Pflanze unmögliche Gärten.
Lade jemanden Gefährlichen zum Tee ein.
Mache kleine Zeichen, die „Ja" sagen und
verteile sie überall in deinem Haus.
Werde ein Freund von Freiheit und Unsicherheit.
Freue dich auf Träume.
Weine bei Kinofilmen.
Schaukle so hoch du kannst mit einer Schaukel bei Mondlicht.
Pflege verschiedene Stimmungen.
Verweigere dich, verantwortlich zu sein.
Tue es aus Liebe.
Mach eine Menge Nickerchen.
Gib Geld weiter. Mach es jetzt. Das Geld wird folgen.
Glaube an Zauberei.
Lache eine Menge.
Bade im Mondlicht.
Träume wilde phantasievolle Träume.
Zeichne auf die Wände.
Lies jeden Tag.
Stell dir vor, du wärst verzaubert
Kichere mit Kindern.
Höre alten Leuten zu.
Öffne dich. Tauche ein. Sei frei.
Preise dich selbst.
Lass die Angst fallen.
Spiele mit allem.
Unterhalte das Kind in dir.
Du bist unschuldig.
Baue eine Burg aus Decken.
Werde nass.
Umarme Bäume,
Schreibe Liebesbriefe.

Meine Quellen der Inspiration

Nachfolgend findest du eine Liste mit Quellen, die mich neben meinen Ausbildungen auf meinem Weg inspiriert haben und es immer noch tun. Einiges aus diesen Quellen ist natürlich indirekt auch in dieses Buch eingeflossen. Ich möchte an dieser Stelle betonen, dass es meine inspirierenden Quellen sind und sich nicht mit deinen, für dich stimmigen Quellen decken müssen. Was immer für dich stimmig ist, geh auf die Reise und finde es heraus. Wir haben heute durch das Internet und andere Medien viele Möglichkeiten, uns schlau zu machen. In diesem Sinne bildet die nachfolgende Liste eine Hilfe, um den Start für deine Reise zu erleichtern:

Rüdiger Dahlke

Thorwald Dethlefsen

Kurt Tepperwein

Helmar Rudolf

Eckart Tolle

Carol S. Pearson

Markus Rothkranz

James Allen

Anthony Robbins

Katie Byron

Wayne Dyer

Marshall B. Rosenberg

Der Mentaldusche Entwicklungskalender

ZIEL DES
„MENTALDUSCHE – ENTWICKLUNGSKALENDER© "

Der „MENTALDUSCHE - ENTWICKLUNGSKALENDER" zum Buch „Die tägliche Mentaldusche" wird dich in deiner täglichen Umsetzung der mentalen Techniken unterstützen und ist als dein persönlicher „Entwicklungskalender" konzipiert. Der „MENTALDUSCHE–ENTWICKLUNGSKALENDER©" ist eine Ergänzung zum Buch „Die tägliche Mentaldusche", kann jedoch auch unabhängig vom Buch verwendet werden. Es macht aber Sinn, sich zunächst mit dem Buch auseinanderzusetzen und dann in der direkten Umsetzung den Kalender zu verwenden. Durch die Zuhilfenahme des „MENTALDUSCHE–ENTWICKLUNGSKALENDER©" hast du ganz konkret die Möglichkeit, deine mentalen Fähigkeiten Schritt für Schritt zu stärken und ganz gezielt für dich an deinen Themen zu arbeiten.

Der „MENTALDUSCHE-ENTWICKLUNGSKALENDER©" soll dir auch helfen, nicht nur die im Buch „Die tägliche Mentaldusche©" angesprochenen Ideen und Techniken umzusetzen, sondern auch Themen, die du aus anderen inspirierenden Werken übernimmst, zu integrieren. Dazu gehört es, deine Ideen und Ziele in täglichen Schritten zu bearbeiten.

Das Ganze ist bewusst so gestaltet, dass es den „MENTALDUSCHE–ENTWICKLUNGSKALENDER©" nur in Papierform und nicht digital gibt. Das Ziel wäre, dass du dir täglich, kurz oder auch länger, je nach Belieben, in einfacher, schriftlicher Form Gedanken zu deinem Tag machst. Dabei solltest du mehr und mehr in die mentalen Techniken eintauchen und dir über dich selbst und deine Umwelt bewusster werden. Durch die Handschriftlichkeit wird der ganze Prozess für dich intensiver und einprägsamer und du kannst es in einfacher Form immer wieder herholen und reflektieren.

Die Anwendung des „MENTALDUSCHE–ENTWICKLUNGS -KALENDER©" ist denkbar einfach und erfordert nur die Zeit, die du ihm widmen willst und kannst. Du solltest es aber täglich tun, denn nur durch das Tun und das Wiederholen wird das Ganze für dich auch Ergebnisse und Einsichten bringen. Mentales Training bringt nur durch die ständige Wiederholung Ergebnisse. Das ist wie im Sport, wo du durch ständiges Wiederholen Bewegungsabläufe perfektionierst. Du kannst Bücher lesen bis zum Umfallen, wenn du die Inhalte dann nicht umsetzt, ist es von sehr geringem Wert. Darum: Mach dich an das tägliche, freudige Tun.

ANWENDUNG

Du findest in dem „MENTALDUSCHE–ENTWICKLUNGSKALENDER ©" einen einfachen Wochenkalender auf zwei Seiten. Du kannst dir diese zwei Seiten entsprechend deiner Anwendung kopieren oder von der Buch-Homepage (www.mentaldusche.com) herunterladen. Füll dann den Wochenkalender mit den aktuellen Informationen und deinen Themen in ganz kurzen Stichworten als Anstoß zum Tun und Reflektieren:

Datum:
Du füllst einfach das aktuelle Datum aus. Du kannst auch in der Kopfzeile des Kalenders das Jahr und die Woche (Kalenderwoche) ausfüllen.

Morgendliche Mentaldusche:
Du überlegst dir, welches mentale Thema für heute wichtig ist, egal, welches Thema es ist, es gibt kein Richtig oder Falsch. Lass dich einfach morgens inspirieren.

Notizen:
Du schreibst ganz kurz auf, was noch für diesen Tag wichtig ist.

Aufgaben für den Tag:
Hier kannst du dir ein paar wenige, aber wichtige Erledigungen für den Tag eintragen. Es geht dabei nicht so sehr um die Verfolgung von To-do-Listen und Punkten, sondern um ein paar ganz wichtige Erledigungen für dich, damit dein Tag für dich persönlich gut wird.

Abendliche Mentaldusche:
Du gehst ein paar stille Minuten in die Reflexion des Tages und notierst ganz spontan, wie der Tag war, was du alles Schönes erlebt hast. Versuche dabei, dich auf die positiven Ereignisse zu fokussieren, damit du den Tag so positiv beendest, wie du ihn begrüßt hast. Wenn der Tag eventuell schlecht gelaufen ist, gibt es trotzdem immer etwas Schönes und Gutes.

Gedanken- Notiz:
Mach eine ganz kurze Gedankenmeditation und schreibe den ersten dir bewussten Gedanken nieder. Diese kurze Gedankenmeditation kannst du ganz einfach durchführen, indem du zur Ruhe kommst - die ja immer in dir zu finden ist - und einfach die Gedanken fließen lässt. Den ersten dir bewussten Gedanken ergreifst du dann und schreibst ihn nieder.

Inspirationen für die Woche:
Wenn du eine Überschrift oder mehrere Überschriften für die Woche findest, etwas das dich für diese Woche inspiriert, dann schreibe dies ebenfalls nieder. Das muss nicht gleich am Montag sein, das kannst du dir notieren, wenn es dir in den Sinn kommt. Das muss nicht immer etwas hoch Intellektuelles sein, es kann auch etwas scheinbar Banales sein.

Wenn du das eine Zeit lang machst, wirst du erstaunt darüber sein, was sich alles bewegt und verändert. Wenn du dein Arbeiten mit dem Kalender in Verbindung bringst mit einer täglichen, kurzen (fünf bis zehn Minuten) Meditation zum „Mentaldusche © Thema", kannst du die Wirkung und die Ergebnisse ganz stark intensivieren. Du wirst Schritt für Schritt zu mehr Bewusstheit und Achtsamkeit in deinem Alltag kommen und mehr und mehr lernen, das Mentale in dein Leben zu integrieren und so auch mehr Gelassenheit erlangen.

Ich wünsche dir ganz viel Spaß beim freudigen Tun,

Andrea

MENTALDUSCHE – ENTWICKLUNGSKALENDER   Jahr:......... KW:.......

Montag	Dienstag	Mittwoch
Datum:	Datum:	Datum:
Morgendliche Mentaldusche	Morgendliche Mentaldusche	Morgendliche Mentaldusche
Notizen	Notizen	Notizen
Aufgaben für den Tag	Aufgaben für den Tag	Aufgaben für den Tag
Abendliche Mentaldusche	Abendliche Mentaldusche	Abendliche Mentaldusche
Gedanken-Notiz	Gedanken-Notiz	Gedanken-Notiz
Inspirationen		

MENTALDUSCHE – ENTWICKLUNGSKALENDER   Jahr:......... KW:........

Donnerstag	Freitag	Samstag / Sonntag
Datum:	Datum:	Datum:
Morgendliche Mentaldusche	Morgendliche Mentaldusche	Morgendliche Mentaldusche
Notizen	Notizen	Notizen
Aufgaben für den Tag	Aufgaben für den Tag	Aufgaben für den Tag
Abendliche Mentaldusche	Abendliche Mentaldusche	Abendliche Mentaldusche
Gedanken- Notiz	Gedanken -Notiz	Gedanken- Notiz
Inspirationen		

Notizen

....
....
....
....
....
....
....
....
....
....
....
....
....
....
....
....
....
....
....
....
....
....
....
....
....
....
....
....

Notizen

....
....
....
....
....
....
....
....
....
....
....
....
....
....
....
....
....
....
....
....
....
....
....
....
....
....
....
....
....
....
....
....
....

Notizen

....
....
....
....
....
....
....
....
....
....
....
....
....
....
....
....
....
....
....
....
....
....
....
....
....
....
....
....
....
....
....